A. CLASSIFICATION DES PEINES PRONONÇABLES

La première classification des peines est tripartite et indexée sur la classification des infractions selon leur gravité : le code pénal (art. 131-1 et s.) distingue ainsi les peines criminelles, les peines correctionnelles et les peines contraventionnelles.
Deux autres classifications sont possibles, selon les droits auxquels les peines portent atteinte (1) ou selon les modalités variables de leur prononcé (2).

1° Classification des peines au regard de leur assiette

Toute peine porte, par définition, atteinte à un intérêt juridique essentiel du condamné : sa liberté, ses droits, son patrimoine, son honneur pourront être mis à mal si la loi pénale l'a prévu en amont.

a) Peines privatives de liberté

Après que les châtiments corporels puis la peine de mort ont été abolis par le législateur – étant entendu que leur prohibition est désormais corroborée par des normes supra-législatives (prohibition de la torture et de la peine de mort : art. 3 et protocole n° 13 de la Convention EDH ; prohibition de la peine de mort : art. 66-1 de la Constitution) –, la plus haute expression répressive du droit français consiste à priver un justiciable de sa liberté d'aller et venir. Par définition, cette peine n'est applicable qu'aux personnes physiques.

Type d'infraction	Une peine privative de liberté est-elle encourue ?	Dénomination de la peine privative de liberté encourue	Quantum encouru selon l'infraction
Crime	Oui, systématiquement	Réclusion criminelle (pour les crimes de droit commun) ou Détention criminelle (pour les crimes politiques)	15 ans / 20 ans / 30 ans/ Perpétuité
Délit	Parfois	Emprisonnement	2 mois / 6 mois / 1 an/ 2 ans / 3 ans / [illegible]
Contravention	Jamais	[illegible]	[illegible]

La détention à domicile sous surveillance électronique

Créée en 2019 (art. 131-4-1 CP), la peine principale alternative correctionnelle de « détention à domicile sous surveillance électronique » (DDSE) évoque, dans son intitulé, à la fois la restriction de liberté (« surveillance ») et la privation de liberté (« détention »).

D'une durée pouvant varier de **15 jours à 6 mois**, la DDSE consiste concrètement pour le condamné à porter un **bracelet électronique** et à demeurer chez lui (le bracelet permettant de vérifier sa présence effective audit domicile, par émission régulière d'un signal à un boîtier récepteur installé à demeure et directement relié à un centre de surveillance), sauf pour le juge pénal à l'autoriser à s'absenter pendant des périodes déterminées pour le temps nécessaire à l'exercice d'une activité professionnelle, au suivi d'un enseignement, d'un stage, d'une formation ou d'un traitement médical, à la recherche [illegible] à la vie de famille ou à tout projet d'insertion ou de réinsertion (l'on peut donc y voir une peine de privation partielle de liberté). La DDSE a vocation à servir de peine **alternative à l'emprisonnement** (qui pourra être prononcé a posteriori si le condamné viole son obligation de rester confiné chez lui aux horaires prévus par le juge) ; mais elle est aussi parfois une modalité particulière d'exécution d'une (partie d'une) peine privative de liberté (art. 132-25 CP).

En somme, la DDSE peut être :
- une peine proprement dite,
- une modalité d'exécution d'une peine privative de liberté (à ce dernier égard, elle s'inscrit dans la continuité directe de ce que, jusqu'en 2019, la loi dénommait « placement sous surveillance électronique »).

b) Peines restrictives de liberté et privatives de droits

La liberté peut aussi, à défaut de privation totale, être seulement :

► **Restreinte**
Le juge pénal enserre la liberté du condamné dans une géographie délimitée d'où certaines zones sont exclues.

Par exemple, l'**interdiction de séjour** (art. 131-31 CP) est une peine complémentaire par laquelle le juge pénal interdit au condamné de paraître dans tels ou tels lieux dont il dresse la liste.

La peine d'**interdiction du territoire français** (art. 131-30 CP), quant à elle, peut être prononcée à titre définitif ou pour une durée de dix ans au plus, à l'encontre de tout étranger coupable d'un crime ou d'un délit, lorsque la loi le prévoit, ce qui entraîne de plein droit la reconduite du condamné à la frontière.

► **Contrainte**
Le juge pénal soumet le condamné à des obligations de faire.

Par exemple, le juge peut, à titre de peine (art. 131-5-1 CP), exiger du condamné qu'il effectue un **stage** (de citoyenneté, de sensibilisation à la sécurité routière, de « lutte contre le sexisme et de sensibilisation à l'égalité entre les femmes et les hommes », etc.).

Le juge peut aussi, à titre de peine, infliger au condamné, à moins que ce dernier le refuse, un **travail d'intérêt général** (TIG) non rémunéré (art. 131-8 CP).

Par ailleurs, lorsque la loi le prévoit, le condamné peut, à titre de peine, se trouver privé de certains droits (et être corrélativement soumis à des interdictions) : droit de conduire un véhicule, droit de porter une arme, droit d'utiliser certains moyens de paiement (chèques, cartes bancaires), droit d'exercer certaines professions, droits de vote et d'éligibilité, droit de participer à un marché public, droit de manifester, etc.

La législation pénale regorge de telles restrictions de liberté et privations de droits qui, formellement qualifiées de peines, rempliront souvent une fonction de mesure de sûreté en ce qu'elles semblent favoriser la resocialisation en neutralisant ponctuellement le risque de réitération. Telle est l'ambition de la « peine » de suivi socio-judiciaire (SSJ) qui combine de multiples mesures de probation restrictives de liberté et une injonction de soins (art. 131-36-1 CP).

c) Peines patrimoniales

Deux grandes peines peuvent frapper le patrimoine du condamné, pour faire en sorte que « le crime ne paie pas » :

► **L'amende**
Peine principale de référence en matière contraventionnelle et correctionnelle, l'amende est également parfois encourue en matière criminelle.

La peine d'amende consiste pour le responsable pénal à verser à l'État une somme d'argent libellée en euros.

C'est en quelque sorte un « tarif » dont doit s'acquitter le condamné pour désintéresser la société de l'atteinte à ses valeurs essentielles dont elle a souffert du fait de l'infraction.

⚠ L'amende ne se confond pas avec les dommages-intérêts, elle s'ajoute à eux comme charge financière pesant sur le condamné.
L'amende punit le condamné en désintéressant la société, quand les dommages-intérêts, censément non punitifs et purement indemnitaires, se bornent à réparer les dommages directement causés par l'infraction à sa victime.

► **La confiscation**
Peine complémentaire (art. 131-21 CP), la confiscation consiste à transmettre à l'État la propriété de certains biens dont le condamné est propriétaire ou dont il avait la libre disposition (sous réserve des droits des tiers de bonne foi).

Les confiscations les plus usuellement prononcées portent sur l'instrument ayant servi à la commission de l'infraction ou sur le produit généré par ladite infraction. Elles

INTRODUCTION

Le droit pénal doit aux peines à la fois son nom et sa singularité. Sanctions rétributives fulminées par le législateur et prononcées par les juges pour punir l'auteur de cette faute particulière qu'est l'infraction, les peines permettent classiquement de distinguer la responsabilité pénale (qui est toujours une responsabilité pour faute, impliquant une punition) de la responsabilité civile (dont la fonction majeure est l'indemnisation de préjudices subis par une victime, qu'ils aient ou non été causés par une faute).

La **fonction principale répressive** des peines se double classiquement d'autres utilités, réelles ou espérées, et tournées vers l'avenir.

► **1ère utilité d'ordre collectif : la dissuasion**

Le législateur espère que la menace d'une peine par la loi pénale tuera dans l'œuf les ambitions criminelles – l'on parlera de « **prévention générale** ».

► **2nde utilité d'ordre individuel : la resocialisation**

La peine doit pouvoir être l'occasion d'un amendement effectif du condamné pour que, au terme de sa punition, il s'écarte durablement de la carrière criminelle – l'on parlera de « **prévention spéciale** » (la peine, alors, épouse sans le dire la fonction de mesure de sûreté).

Les poursuites pénales exercées par le parquet contre les auteurs supposés d'infractions sont dénommées « action publique pour l'application des peines » (art. 1 CPP) : cela signifie que « l'application des peines » concerne au premier chef les juridictions de condamnation devant lesquelles les poursuites sont diligentées par le ministère public, qui y requiert une condamnation à telles ou telles peines. Il s'agit surtout, alors, d'appliquer les lois pénales faisant encourir les peines : c'est la phase du prononcé de la peine (**I**).

Toutefois, dans un sens plus contemporain, « l'application des peines » renvoie à l'effectivité et la réalité de leur mise à exécution : phase ultime de la procédure pénale, l'exécution des peines permet au condamné, après sa condamnation, de bénéficier, à certaines conditions, d'un aménagement de la peine qui lui a été infligée (**II**).

La peine a en principe vocation à s'éteindre, du fait de son exécution (et parfois même du fait de son inexécution). Cette extinction ne fait pas pour autant, systématiquement, tomber le crime et son auteur dans l'oubli : à certaines conditions, le casier judiciaire et les fichiers de police peuvent en conserver le souvenir, et des mesures de sûreté prendre le relais de la répression (**III**).

1 LE PRONONCÉ DES PEINES

Soumis au principe de légalité des peines, le juge pénal ne peut inventer de sanction pénale de son propre chef : à l'encontre du coupable qu'il entend condamner, il ne peut prononcer qu'une peine que la loi a fait expressément encourir aux auteurs de l'infraction objet de la condamnation. Le choix opéré parmi les différentes peines encourues (A) est soumis à des principes (B) qui permettent une individualisation initiale de la peine lors de son prononcé (C).

Maxime BRENAUT

LEXI Fiche

PROCÉDURE PÉNALE

Droit de l'exécution des peines

© alswart / Adobestock

Cette Lexifiche offre une vision claire et synthétique de la matière.

Elle aidera les étudiants à appréhender tous les pans du droit de l'application des peines : les principes, les procédures d'aménagement de la peine, etc.

SOMMAIRE

FICHE INTERACTIVE

Flashez pour découvrir toutes les informations complémentaires proposées par l'auteur

Code d'accès : Lexifiche49

www.lexifiche.com

peuvent être en nature (portant alors sur le bien qui a vraiment été l'instrument ou le produit de l'infraction) ou en valeur (sur n'importe quels autres biens du condamné, à concurrence de la valeur de l'instrument ou du produit que l'on entend confisquer).

Pour certaines infractions, le législateur a même prévu une confiscation de l'entier patrimoine.

Pour garantir l'effectivité de cette confiscation et pallier le risque d'une organisation préalable, par le condamné, de son insolvabilité, le législateur a prévu des « saisies spéciales » permettant, dès la phase d'enquête ou d'instruction, de placer sous main de justice les biens susceptibles d'être ultérieurement confisqués, rendus ainsi indisponibles alors même que leur propriétaire est toujours présumé innocent.

Quantum de l'amende contraventionnelle

Classe de contravention	Amende encourue correspondante
1ère classe	38 €
2e classe	150 €
3e classe	450 €
4e classe	750 €
5e classe	1 500 € (3 000 € en récidive si la loi le prévoit)

d) Peines infamantes

La condamnation porte en elle-même atteinte à l'honneur du responsable pénal en ce qu'elle manifeste solennellement la réprobation de la société à son endroit. Certaines peines peuvent corroborer ce caractère infamant : jadis, le carcan et le pilori exposaient publiquement le corps du condamné. En droit positif, c'est la publicité faite à la condamnation qui prend le relais de l'infamie : sont donc prévues des peines d'affichage (dans certains lieux précisés par le juge) et de diffusion (par le journal officiel, des publications de presse et des sites internet) de la décision de condamnation, aux frais du condamné afin de lui assurer la plus grande publicité (art. 131-35 CP).

2° Classification des peines au regard des modalités de leur prononcé (ou non) dans la décision de condamnation

a) Les peines principales

Ce sont celles qui peuvent être prononcées seules par le juge pénal dans sa décision de condamnation. Le droit pénal spécial pose, dans les textes d'incrimination et de pénalité, des « **peines principales de référence** » qui permettent d'identifier la nature criminelle, correctionnelle ou contraventionnelle de l'infraction incriminée : elles servent de discriminants officiels de chacune de ces trois grandes catégories d'infractions.

Ainsi, une infraction faisant encourir à son auteur :

- de la réclusion criminelle ou de la détention criminelle est nécessairement → **un crime**
- de l'emprisonnement ou seulement une amende égale ou supérieure à 3750 euros est nécessairement → **un délit**
- une amende inférieure à 1500 euros (ou 3000 euros en cas de récidive) est nécessairement → **une contravention**

Il existe cependant, en matière correctionnelle, d'autres peines que le juge peut prononcer à titre de peines principales, **à la place des peines principales de référence**, lorsque la loi le prévoit : TIG, DDSE, SSJ, etc. Ce sont des « **peines principales alternatives** » (= alternatives à la peine principale de référence encourue au titre du texte d'incrimination).

De même, pour les contraventions de 5e classe, il existe des peines principales pouvant être prononcées en lieu et place de l'amende : suspension du permis de conduire, confiscation de l'instrument ou du produit de l'infraction, retrait du permis de chasser, etc.

Quid des peines encourues par les personnes morales ?

Faute d'être concernées par les peines carcérales, les personnes morales encourent, comme seule peine principale de référence, l'amende : le juge pénal peut prononcer contre elles le quintuple de l'amende maximale encourue par les personnes physiques, ou une amende d'un million d'euros pour les crimes ne faisant pas encourir d'amende aux personnes physiques.

Mais de nombreuses autres peines, propres aux personnes morales, sont prévues par la loi pénale : ainsi de la plus radicale, la dissolution (qui est une sorte de peine de mort pour les personnes morales) ; ainsi encore de la « mise en conformité », créée par la loi Sapin II de 2016 dans un objectif de rationalisation, par recours à la « *compliance* », de la lutte pénale contre la corruption internationale et le blanchiment de fraude fiscale.

Ayant vocation à remplacer les peines principales de référence, elles ne peuvent se cumuler avec elles (sauf le cas particulier de la « sanction-réparation » prévue à l'article 131-8-1 CP qui érige en « peine » l'obligation pour le condamné de procéder, dans le délai et selon les modalités fixés par la juridiction, à l'indemnisation du préjudice de la victime).

b) Les peines complémentaires

Comme leur nom l'indique, elles viennent en complément de la peine principale et ont donc besoin que cette dernière soit prononcée pour s'adosser à elle. Toutefois, en matière correctionnelle et contraventionnelle, le juge peut prononcer à titre de peine principale alternative une ou plusieurs des peines complémentaires encourues (art. 131-11 et 131-18 CP).

En tout état de cause, les peines complémentaires apparaissent dans le dispositif de la décision de condamnation : si le juge ne les prononce pas, alors le condamné ne les subit pas.

De nombreuses peines complémentaires, malgré leur dénomination de « peines », remplissent une fonction de mesure de sûreté – à telle enseigne que les mesures de sûreté prononçables en cas d'irresponsabilité pénale pour cause de trouble mental (art. 706-136 CPP) sont, dans leur substance, l'exact équivalent de certaines « peines complémentaires » du code pénal.

En principe, c'est au juge de décider si la peine principale suffit ou s'il convient de la compléter par une ou plusieurs peines complémentaires, mais il arrive que le législateur prenne les devants et contraigne le juge : il existe ainsi des peines complémentaires obligatoires (ex. : confiscation des objets qualifiés de dangereux ou nuisibles par la loi ou le règlement, ou dont la détention est illicite).

c) Les peines accessoires

Elles sont des accessoires de la condamnation : le juge n'a pas besoin de les prononcer, la condamnation les rendant automatiquement applicables par simple effet de la loi.

Revêtant un caractère occulte marqué, ces peines accessoires peuvent surprendre le principal intéressé, découvrant qu'il y est soumis bien après sa condamnation, silencieuse sur ce point, ce qui est difficilement compatible avec la sécurité juridique (même si nul n'est censé ignorer la loi).

Aussi l'article 132-17 CP exige depuis 1994 que chaque peine soit expressément prononcée par le juge, ce qui devait annoncer la disparition des peines accessoires.

Toutefois, il en existe encore, dans des lois hors code pénal, dont les justiciables appelés à les subir peuvent :

► demander au juge pénal le relèvement (qui consiste, dans l'espèce jugée, à priver d'effets les textes de loi qui les attachent à la condamnation) ;

► contester la conformité au principe constitutionnel d'individualisation, au moyen d'une QPC – mais le Conseil constitutionnel se montre inconstant à leur égard :
- ou bien il les tient pour des peines automatiques qui, comme telles, violent le principe d'individualisation [C. cons., 11 juin 2010, n° 2010-6 QPC et 2010-7 QPC] ;
- ou bien il les « sauve » en les requalifiant de peines complémentaires obligatoires (ex. : annulation de plein droit du permis de conduire de l'article L 234-13 du code de la route) [C. cons., 29 sept. 2010, n° 2010-40 QPC] ;
- ou bien il les « sauve », en leur déniant la qualité de peine ou de sanction ayant le caractère d'une punition pour s'appesantir sur leur fonction de mesure de sûreté, et donc en les excluant du champ protecteur de l'article 8 de la DDHC et du principe d'individualisation (ex. : exclusion de plein droit des procédures de passation des marchés publics et des contrats de concession des articles L 2141-1 et L 3123-1 du code de la commande publique) [C. cons., 28 janv. 2022, n° 2021-966 QPC].

CONTENU DE LA CONDAMNATION

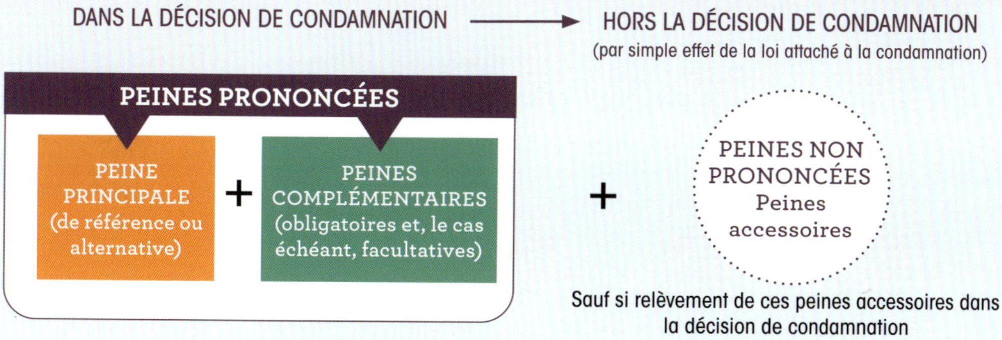

B. PRINCIPES DIRECTEURS DU PRONONCÉ DES PEINES

L'article 130-1 CP assigne à la peine :

► **Trois buts**
1° Assurer la protection de la société
2° Prévenir la commission de nouvelles infractions
3° Restaurer l'équilibre social

► **Deux fonctions**
1° Sanctionner l'auteur de l'infraction
2° Favoriser son amendement, son insertion ou sa réinsertion

► **Un impératif**
Y procéder « dans le respect des intérêts de la victime »

La prise en considération croissante des intérêts de la victime

La distinction nette entre responsabilités civile et pénale s'estompe un peu en droit contemporain : certaines indemnisations, au civil, se teintent de punition (préjudice moral des personnes morales, préjudice écologique, etc.) quand, au pénal, certaines « peines » font la part belle au désintéressement de la victime (peine de sanction-réparation).

Par ailleurs, certaines mesures de sûreté prononcées dans la décision de condamnation entendent protéger la victime, en évitant que son agresseur ne récidive à son égard (ex. : interdiction d'entrer en contact avec la victime et emploi d'un bracelet anti-rapprochement, dans le cadre d'un sursis probatoire).

Voilà ce qui doit guider le juge dans son choix de la peine, encadré par au moins **5 principes essentiels**.

1° Prévisibilité des peines

Ne peuvent être prononcées que les peines dont le condamné pouvait prévoir, en commettant son infraction, qu'elles pourraient l'être à son encontre. Cette prévisibilité de la nature et de la gravité des peines prononçables est le corollaire direct du principe de légalité des peines et de la soumission des lois de pénalité au principe de non-rétroactivité *in pejus* (l'autorité judiciaire de l'État prévient avant de frapper). Cette prévisibilité, concrètement, suppose que le texte de pénalité soit clair et que son application prétorienne soit stable et constante [le revirement de jurisprudence imprévisible et plus sévère est, en la matière, exclu : CEDH, 10 oct. 2006, *Pessino c/France*].

2° Personnalité des peines

Tout comme l'on ne peut être déclaré coupable que de son propre fait, l'on ne peut être puni qu'en conséquence d'une infraction que l'on s'est vu personnellement imputer par une déclaration judiciaire de culpabilité : les peines ne viennent pas frapper les tiers (il n'y a pas, en principe, de responsabilité pénale pour autrui). La peine est prononcée *intuitu personae*, sa raison d'être classique étant de punir un individu parfaitement identifié pour la faute pénale qu'il a commise.

Toutefois, certaines « mesures réelles » telles que les confiscations peuvent porter, sous réserve des droits des tiers de bonne foi, sur les biens dont le condamné n'est pas propriétaire mais a la libre disposition (art. 131-21 CP).

Par ailleurs, certains mécanismes propres à l'amende relativisent la portée du principe de personnalité : ainsi de la solidarité entre les condamnés pour le paiement de l'amende ou de la transmission de la dette d'amende aux héritiers du condamné défunt (art. 480-1 CPP et art. 133-1 CP).

3° Nécessité et proportionnalité des peines

Aux termes de l'article 8 de la DDHC, la nécessité et la proportionnalité des peines sont des principes qui s'imposent au législateur. Peu regardant sur la nécessité, le Conseil constitutionnel censure parfois les « disproportions manifestes ».

Mais, *in concreto*, dans chaque affaire jugée, la nécessité et la proportionnalité ont aussi parfois un rôle à jouer dans le choix du juge pénal : dans un état libéral, la juste rétribution devrait toujours se défier des rigueurs non nécessaires (même si, en amont, la loi a permis une telle rigueur en fulminant un maximum encouru et donc en la réputant, abstraitement, nécessaire).

C'est dans cet esprit que :
- l'emploi de certaines peines est subsidiarisé par le législateur (ex. : l'emprisonnement qui, bien qu'il soit encouru en considération de la gravité abstraitement et légalement appréciée de tel ou tel délit, ne doit être prononcé en « ferme » que comme l'*ultima ratio* de la répression correctionnelle : « toute peine d'emprisonnement sans sursis ne peut être prononcée qu'en **dernier recours** si la gravité de l'infraction et la personnalité de son auteur rendent cette peine **indispensable** et si **toute autre sanction est manifestement inadéquate** » - art. 132-19 CP) ;
- le cumul des peines de même nature est en principe empêché, lors de la poursuite commune de différentes infractions en concours réel, par l'article 132-3 CP : « Lorsque, à l'occasion d'une même procédure, la personne poursuivie est reconnue coupable de plusieurs infractions en concours, chacune des peines encourues peut être prononcée. Toutefois, lorsque plusieurs peines de même nature sont encourues, il ne peut être prononcé qu'une seule peine de cette nature dans la limite du maximum légal le plus élevé » :
• sauf à relever que, par dérogation à ce principe, « les peines d'amende pour contraventions se cumulent entre elles et avec celles encourues ou prononcées pour des crimes ou délits en concours » (art. 132-7 CP) - un mécanisme comparable de cumul d'amendes forfaitaires prévu en matière fiscale (art. 1737, II, CGI) a été jugé conforme au principe de proportionnalité des peines [Cons. cons., 16 juin 2023, n° 2023-1054] ;
• la **règle proportionnaliste du non-cumul des peines de même nature** et de la limite du maximum légal le plus élevé s'applique aussi aux sanctions ayant caractère d'une punition, lorsque les mêmes faits font l'objet de poursuites distinctes

devant des ordres différents (poursuite pénale proprement dite et poursuite administrative), dans l'hypothèse où ce cumul de poursuites est possible (et donc non jugé contraire au principe *non bis in idem*).

Quid si des infractions en concours réel ne font pas l'objet d'une poursuite commune ?

La proportionnalité est alors assurée au regard de l'exécution des peines. L'article 132-4 CP prévoit ainsi que « lorsque, à l'occasion de procédures séparées, la personne poursuivie a été reconnue coupable de plusieurs infractions en concours, les peines prononcées s'exécutent cumulativement dans la limite du maximum légal le plus élevé ». C'est une proportionnalité imposée aux juges.

Le condamné peut même demander la confusion totale ou partielle de ses peines de même nature pour que celles-ci soient exécutées simultanément (ce qui permet d'éviter l'effet de cumul résultant de l'exécution successive des différentes condamnations) : c'est un outil de proportionnalité laissé à la discrétion du juge.

Par ailleurs, toute peine supposant une atteinte à un droit fondamental, le développement des **moyens d'inconventionnalité**, en particulier de ceux visant la Convention EDH dans la défense des prévenus, va favoriser les **contrôles de proportionnalité** en matière de peine : telle confiscation ne porte-t-elle pas une atteinte disproportionnée au droit de propriété de tel condamné ? Tel emprisonnement, même avec sursis, ne porte-t-il pas une atteinte disproportionnée à la liberté d'expression de tel condamné qui a commis telle infraction comme moyen d'apporter sa pierre à un débat d'intérêt général ?

4° Individualisation des peines

Des deux impératifs de nécessité et de proportionnalité, un autre impératif se déduit, qui permet leur mise en œuvre effective : c'est l'individualisation des peines. Ancienne proposition doctrinale (Saleilles au XIXe siècle), l'individualisation a pris ses lettres de noblesse en bénéficiant d'une reconnaissance :
- par le législateur : « Toute peine prononcée par la juridiction doit être individualisée » (art. 132-1 CP) ;
- par le Conseil constitutionnel [9 août 2007, n° 2007-554 DC], qui a rattaché à l'article 8 DDHC un principe à valeur constitutionnelle d'individualisation de la peine (qui tend à protéger la marge de manœuvre du juge pénal contre les velléités d'automaticité répressive du législateur).

L'idée est qu'une bonne et juste peine doit être adaptée à l'irréductible singularité de l'individu jugé, d'où la nécessité de prendre en considération non seulement les circonstances de l'infraction mais encore la personnalité de son auteur ainsi que sa situation matérielle, familiale et sociale, pour choisir la nature, le quantum et le régime des peines que l'on va lui infliger. L'individualisation de la peine invite le juge pénal à faire du « sur-mesure ».

5° Motivation des peines

Pour que l'individualisation ne confine pas à l'arbitraire, il faut non seulement qu'elle intervienne dans les limites (larges) de la loi mais aussi que le juge rende un minimum compte de son choix – d'où la généralisation (tardive) de la motivation des peines, en matière criminelle [C. cons., 2 mars 2018, n° 2017-694 QPC] (art. 365-1 CPP), correctionnelle [Crim., 1er février 2017] (art. 485-1 CPP) et même contraventionnelle [Crim., 30 mai 2018].

L'ambition est double, qui tient à la fois du droit et de la psychologie sociale : assurer que la peine a été choisie à l'aune des critères légaux d'individualisation, dont la motivation extériorise le respect ; rassurer le public (i.e. tant le condamné que la société ou la victime) dans sa réception de la peine prononcée.

À l'obligation générale de motivation peuvent s'ajouter des obligations spéciales de motivation pour certaines peines (ex. : l'emprisonnement ferme) ou certains éléments de régime des peines (ex. : les périodes de sûreté devant faire l'objet d'une décision spéciale – Crim., 20 oct. 2021).

Certaines sanctions sont cependant exclues du champ de l'obligation générale de motivation des peines : c'est le cas des peines complémentaires obligatoires, de la confiscation du produit de l'infraction, du travail d'intérêt général (le consentement du condamné suffit) ou des obligations particulières infligées dans le cadre d'un sursis probatoire.

C. MISE EN ŒUVRE DE L'INDIVIDUALISATION INITIALE DES PEINES

L'individualisation se fait généralement dans le sens de la clémence par rapport aux peines abstraitement encourues (1) ; parfois pourtant, le législateur donne au juge pénal les moyens d'une sévérité accrue, notamment en rehaussant le quantum maximal encouru (2).

1° Individualisation et clémence

La liberté du juge dans le sens de la mansuétude (a) est de principe, dans la mesure où la loi pénale ne fixe que des maxima punitifs à ne pas dépasser (« peines plafonds ») et multiplie les combinaisons possibles quant au choix de la nature des peines à prononcer. Néanmoins, le législateur force parfois la main au juge en prévoyant une mansuétude obligatoire (b).

Quid des « peines planchers » ?

Longtemps, la loi pénale a prévu des peine encourues minimales et maximales (système d « fourchette » du code napoléonien) qui fixait u cadre au juge pour son individualisation. En 1992, l peines planchers ont été, pour la plupart, supprimé (du fait de l'usage généralisé des « circonstanc atténuantes » pour y déroger depuis des décennies)

Toutefois le législateur pourrait en rétablir (il l'a fait d 2007 à 2014 en matière de récidive), à la conditio que le juge puisse y déroger, fût-ce à des conditio strictes et par décision motivée [C. cons., 9 août 200 n° 2007-554 DC].

Le code pénal lui-même fixe encore parfois d minima pénaux : ainsi en matière criminelle, la pei privative de liberté ne peut être inférieure :
- à un an lorsqu'une réclusion ou une détention temps est encourue,
- à deux ans lorsqu'une réclusion ou une détention perpétuité est encourue.

a) Clémence possible du juge

Le juge peut :
- en matière correctionnelle et contraventionnelle prononcer comme peine principale une peine alternative moins afflictive que la peine principale de référence visée par le texte d'incrimination ;
- en toute matière prononcer la peine principale de référence mais à un quantum bien inférieur à celui, maximal, prévu par le texte d'incrimination.

Lorsqu'il apparaît que le reclassement du coupable est acquis, que le dommage causé est réparé et que le trouble résultant de l'infraction a cessé, la clémence peut aller jusqu'à l'extrémité d'une absence totale de peine : il y a alors déclaration de culpabilité mais le juge n'en tire aucune conséquence punitive, la resocialisation du délinquant étant déjà acquise. C'est l'hypothèse de la **dispense de peine** (art. 132-59 CP) qui évince la condamnation.

Le moment du choix de la peine : Quand individualiser ?

En principe, la peine est prononcée concomitamment à la déclaration de culpabilité : la solution usuelle consiste ainsi à ce que la **même décision** contienne dans son dispositif la déclaration de culpabilité et la condamnation à une ou plusieurs peines.
Mais les juges peuvent vouloir se laisser davantage de temps pour choisir la peine la plus à même de servir les finalités de l'article 130-1 CP : la loi prévoit donc la possibilité, en matière correctionnelle et contraventionnelle, d'**ajourner le prononcé de la peine** pour statuer à ce sujet plus tard, lors d'une audience de renvoi. Il existe cinq régimes d'ajournement de la peine.

► **Ajournement simple** (art. 132-60 CP)
Le reclassement du coupable est en voie d'être acquis, le dommage causé en voie d'être réparé et le trouble résultant de l'infraction va cesser : le juge ajourne pour laisser aux conditions d'une éventuelle future dispense de peine le temps d'être réunies.
Dans un délai d'un an maximum, le juge pénal statue et procède soit à la dispense de peine, soit à la condamnation.

► **Ajournement avec probation** (art. 132-63 CP)
L'objet est le même, mais plutôt que de laisser le coupable seul sans aucune surveillance, on le soumet au régime des obligations et mesures prévues pour le sursis probatoire, ce qui permet d'éprouver sa resocialisation.

► **Ajournement avec injonction** (art. 132-66 CP)
Dans les cas prévus par les lois ou les règlements qui répriment des manquements à des obligations déterminées, le juge peut aussi ajourner en soumettant

le coupable à une injonction sous astreinte de se conformer aux prescriptions légales, ce qui permet de favoriser la cessation de l'illicite et donc du trouble (condition de l'éventuelle future dispense de peine).

► **Ajournement aux fins d'investigations sur la personnalité ou la situation matérielle, familiale et sociale** (art. 132-70-1 CP)
L'engorgement des juridictions et la rapidité de certaines procédures ne permettent pas toujours de bien connaître les éléments nécessaires à l'individualisation : voilà pourquoi la loi permet au juge, une fois la culpabilité déclarée, d'ajourner le prononcé de la peine, le temps que soient menées les investigations utiles pour apprécier la personnalité et la situation du coupable.

► **Ajournement aux fins de consignation d'une somme d'argent** (art. 132-70-3 CP)
Le temps de l'ajournement, le coupable doit s'acquitter d'une consignation (possiblement échelonnée) auprès du greffe du tribunal, en garantie de l'éventuelle amende qui sera prononcée lors de l'audience de renvoi.

Sans aller jusqu'à dispenser le coupable de peine, le juge peut décider de le dispenser de l'exécution de la peine qu'il a prononcée. En effet, par le mécanisme du **sursis à exécution**, le condamné se voit offrir une chance de retrouver le droit chemin sans subir sa peine autrement que comme une épée de Damoclès menaçant de fondre sur lui au prochain faux pas : en cas de condamnation pour une nouvelle infraction commise durant un délai d'épreuve légalement prévu (5 ans pour les crimes et délits, 2 ans pour les contraventions), le sursis pourra être révoqué (totalement ou partiellement) et la peine mise à exécution (art. 132-29 CP). Celle-ci viendra en sus de la nouvelle peine prononcée au titre de la nouvelle infraction. Le sursis peut concerner toute la peine ou seulement une partie de celle-ci. Certaines peines ne peuvent pas faire l'objet d'un sursis à exécution (art. 132-31 et 132-34 CP).

L'on distingue :

► **le sursis simple**, où l'absence de commission d'infraction est la seule chose exigée du condamné dispensé d'exécution ;

► **le sursis probatoire** (qui a résulté, en 2019, de la fusion des anciens sursis avec mise à l'épreuve et sursis avec travail d'intérêt général), réservé aux personnes physiques condamnées à une peine privative de liberté, qui soumet le condamné à des mesures de contrôle et des obligations particulières (art. 132-44 et 132-45 CP) pendant un délai de probation dont la durée sera comprise entre un an et trois ans ; en quelque sorte, le juge choisit d'éprouver plus concrètement, de façon plus suivie, la pertinence de la confiance qu'il place dans la resocialisation du condamné dispensé d'exécuter sa peine carcérale.

Sont exclus du bénéfice :

► **du sursis simple**, total ou partiel, les coupables qui ont déjà été condamnés, au cours des cinq années précédant les faits punis, pour crime ou délit de droit commun, à une peine de réclusion ou d'emprisonnement (art. 132-30 CP) ;

► **du sursis probatoire total** (mais pas du sursis probatoire partiel) :

- en matière correctionnelle, les individus ayant déjà fait l'objet de deux condamnations assorties du sursis probatoire pour des délits identiques ou assimilés au sens des articles 132-16 à 132-16-4 CP et se trouvant en état de récidive légale ;
- en matière criminelle, ou lorsqu'il s'agit d'un délit de violences volontaires, d'un délit d'agressions ou d'atteintes sexuelles ou d'un délit commis avec la circonstance aggravante de violences, les individus ayant déjà fait l'objet d'une condamnation assortie du sursis probatoire pour des infractions identiques ou assimilées et se trouvant en état de récidive légale (art. 132-41 CP).

b) Clémence imposée au juge

Il arrive que le législateur impose au juge sa clémence en abaissant le quantum des peines encourues du fait de certaines circonstances. Ce sont les **causes légales de diminution de peine** :

- ainsi de la diminution de moitié de la peine encourue en cas de minorité de l'auteur de l'infraction, à laquelle le juge ne peut déroger si le coupable avait entre 13 et 16 ans au moment des faits (art. L 121-5 CJPM) ;

- ainsi de la peine encourue diminuée du tiers si le coupable était sous l'emprise d'un trouble psychique ou neuropsychique ayant altéré son discernement ou entravé le contrôle de ses actes (art. 122-1 CP), pour peu que cette altération ne résulte pas d'une consommation volontaire, de façon illicite ou manifestement excessive, de substances psychoactives (art. 122-1-2 CP).

Le législateur pousse parfois la clémence jusqu'à empêcher le juge de condamner le coupable, au regard de certaines circonstances. Ce sont des **causes légales d'exemption de peine**.

Ex. : est exempt de peine celui qui a tenté de commettre certains crimes ou délits (blanchiment, terrorisme, etc.) et qui, ayant averti l'autorité administrative ou judiciaire, a permis d'éviter la réalisation de l'infraction et, le cas échéant, d'identifier les autres auteurs ou complices (art. 132-78 CP).

Enfin, en matière correctionnelle (art. 132-19, al. 3, CP), la peine d'emprisonnement prononcée doit, « sauf impossibilité résultant de la personnalité ou de la situation du condamné, faire l'objet d'une des mesures d'aménagement prévues à l'article 132-25 » lorsque :

- le quantum prononcé est inférieur ou égal à 6 mois,

- du fait d'un sursis partiel, la partie « ferme » de la peine est inférieure ou égale à 6 mois,

- du fait de la détention provisoire déjà exécutée (et dont la durée s'impute sur la peine prononcée), le reliquat à purger au jour de la condamnation est inférieur ou égal à 6 mois.

Si la peine ou sa partie ferme est supérieure à six mois mais inférieure à un an d'emprisonnement, « elle doit également être aménagée si la personnalité et la situation du condamné le permettent, et sauf impossibilité matérielle ».

Ici, le tribunal correctionnel doit **aménager *ab initio*** la peine d'emprisonnement qu'il prononce, en indiquant dans la décision que cette peine sera purgée en milieu ouvert (au moyen d'une semi-liberté, d'un placement à l'extérieur ou d'une détention à domicile sous surveillance électronique).

2° Individualisation et sévérité

Le juge pénal peut bien sûr considérer que la spécificité des faits de l'espèce jugée et de la personnalité du coupable méritent une peine lourde, mais alors il prononce celle-ci dans la limite du cadre que lui a posé le législateur en fixant une peine maximale encourue.

Certaines circonstances ont toutefois conduit le législateur à permettre au juge, s'il le souhaite, d'individualiser « à la hausse » la réponse pénale, en augmentant le plafond qui encadre son office. Ces circonstances sont logiquement appelées « **circonstances aggravantes** » en ce que, rendant plus grave l'infraction commise, elles aggravent corrélativement la peine maximale encourue.

Selon leur domaine *ratione criminis*, et selon leur imputabilité à tous les responsables pénaux d'une même infraction ou à certains d'entre eux seulement, l'on distingue classiquement les circonstances aggravantes :

Générales	Celles qui aggravent tout type d'infraction Ex. : la récidive ; le recours à la cryptologie peut aggraver tout crime ou délit qu'il a servi à commettre ou préparer
Spéciales	Celles qui n'aggravent que telle ou telle infraction, sur prévision spéciale d'un texte légal Ex. : la préméditation ou l'usage d'une arme
Réelles	Celles qui sont relatives à la réalisation objective de l'infraction Ex. : la bande organisée, l'usage d'une arme, la vulnérabilité de la victime

Personnelles	Celles qui sont relatives à la personne de l'agent Ex. : l'état de récidive, la profession, les liens conjugaux avec la victime
Mixtes	Celles qui sont liées à l'agent comme à l'acte Ex. : le mobile raciste, la préméditation

Alourdissant le *quantum* encouru, la circonstance aggravante change même parfois la nature de l'infraction qu'elle complète : de contravention ou de délit, l'infraction deviendra alors, aggravée, un délit ou un crime.

L'une des causes majeures d'aggravation des peines est la **récidive**, qui suppose :
- un « premier terme » = une précédente condamnation pénale définitive, prononcée par une juridiction française (ou un État de l'Union européenne),
- un « second terme » = une nouvelle infraction, indépendante de celle ayant déjà fait l'objet d'une condamnation (c'est l'infraction jugée « en récidive »).

Entre ces deux termes, vont varier :

- la proximité matérielle : la récidive est générale lorsque le second terme peut consister en une infraction différente du premier terme ; elle est spéciale lorsque le second terme doit consister en la même infraction que le premier terme (ou en une infraction légalement assimilée) ;

- la proximité temporelle : la récidive est permanente lorsqu'elle existe légalement indépendamment du délai séparant les deux termes ; elle est temporaire lorsque la loi conditionne l'existence de la récidive à la survenance du second terme dans un certain délai.

Régime de la récidive pour les personnes physiques (art. 132-8 CP et suivants)

Premier terme	Second terme	Caractère général ou spécial de la récidive	Caractère permanent ou temporaire de la récidive	Effet de la récidive sur la peine encourue au titre du second terme
Crime ou délit punissable de 10 ans d'emprisonnement	Crime	Générale	Permanente	20/30 ans initialement encourus ➔ perpétuité encourue 15 ans encourus ➔ 30 ans encourus
	Délit punissable de 10 ans d'emprisonnement		Temporaire (second terme commis dans les 10 ans qui suivent l'expiration ou l'exécution de la peine précédente)	10 ans ➔ 20 ans d'emprisonnement
	Délit punissable d'un emprisonnement d'une durée supérieure à un an et inférieure à 10 ans		Temporaire (second terme commis dans les 5 ans qui suivent l'expiration ou l'exécution de la peine précédente)	Maximum légal encouru doublé
Délit	Délit	Spéciale (même délit ou délit assimilé par la loi)	Temporaire (second terme commis dans les 5 ans qui suivent l'expiration ou l'exécution de la peine précédente)	Maximum légal encouru doublé
Contravention de 5e classe	Contravention de 5e classe	Spéciale (même contravention de 5e classe)	Temporaire (second terme commis dans l'année suivant l'expiration ou l'exécution de la peine précédente, ou dans les 3 ans si la loi prévoit que la récidive transforme la contravention en délit)	1500 euros initialement encourus ➔ 3000 euros ou 1500 euros initialement encourus ➔ peine correctionnelle prévue par la loi

⚠ La récidive, comme les autres circonstances aggravantes, ne s'impose pas au juge pénal ; si elle aggrave la peine encourue, elle n'aggrave pas nécessairement la peine prononcée. Le juge pénal demeure libre de retenir ou non la circonstance aggravante et, même à la retenir, de prononcer une peine sensiblement inférieure au maximum encouru aggravé, voire au maximum encouru sans aggravation.

Le prononcé des peines se caractérise donc par une première individualisation de la réponse pénale, à laquelle le juge de condamnation peut vouloir assurer une certaine pérennité : il pourra assortir la peine privative de liberté (prononcée sans sursis et d'une durée supérieure ou égale à cinq ans) d'une **période de sûreté** durant laquelle le condamné ne pourra pas solliciter d'aménagement de sa peine (art. 132-23 CP).

Pour certaines infractions, cette période de sûreté est même de plein droit, ce que le Conseil constitutionnel a jugé conforme au principe constitutionnel d'individualisation de la peine [26 oct. 2018, n° 2018-742 QPC].

2 L'EXÉCUTION DES PEINES

L'idée selon laquelle il faudrait moduler le prononcé de la peine en considération de l'individu condamné (art. 132-1 CP) s'est doublée d'une autre individualisation au fil de l'exécution de la peine. L'article 707, II, CPP prévoit ainsi que « le régime d'exécution des peines privatives et restrictives de liberté [...] est adapté au fur et à mesure de l'exécution de la peine, en fonction de l'évolution de la personnalité et de la situation matérielle, familiale et sociale de la personne condamnée, qui font l'objet d'évaluations régulières ».

Les aménagements de peine servent cette individualisation continue de la sanction pénale. Très divers (B), ils sont octroyés à l'issue d'une procédure lors de laquelle les juridictions de l'application des peines jouent un rôle central (A).

A. LES PROCÉDURES D'AMÉNAGEMENT DE LA PEINE

1° Les acteurs judiciaires de l'exécution des peines

En matière d'exécution des peines, la compétence de premier degré est partagée, *ratione materiae*, entre deux juridictions de droit commun : le juge de l'application des peines (JAP) et le tribunal de l'application des peines (TAP).

a) Les décisions du JAP : les ordonnances et les jugements

► **Les ordonnances motivées du JAP** nécessitent parfois l'avis préalable de la commission de l'application des peines (CAP) ; c'est le cas des ordonnances concernant :

- les réductions de peine ordinaires (art. 712-5 CPP),
- les autorisations de sortie sous escorte et les permissions de sortir (art. 712-5 CPP),
- et la procédure simplifiée dite de libération sous contrainte (art. 720 CPP).

▶ **Les jugements du JAP** concernent :

- les mesures d'aménagement des peines privatives de liberté que sont : le placement à l'extérieur, la semi-liberté, le fractionnement et la suspension des peines – sous réserve des compétences du TAP en matière de suspension –, la DDSE et la libération conditionnelle – sous réserve des compétences du TAP en la matière (v. b) – ;
- sauf si la loi en dispose autrement, l'application des peines de SSJ, d'interdiction de séjour, de TIG, d'emprisonnement avec sursis probatoire, ou des mesures de probation que la juridiction de jugement a prononcées dans le cadre d'un ajournement du prononcé de la peine.

b) Les jugements du TAP

Le TAP est compétent pour le relèvement des périodes de sûreté (art. 720-4 CPP) et l'examen des demandes de réductions de peine exceptionnelles pour les repentis (art. 721-3 CPP).

La libération conditionnelle (art. 730 CPP) et la suspension médicale de peine (art. 720-1-1 CPP) relèvent aussi de la compétence du TAP si deux conditions cumulatives sont réunies (à défaut desquelles le JAP est compétent) :

- elles concernent les personnes condamnées à une peine privative de liberté d'une durée supérieure à 10 ans ;
- quelle que soit la peine initialement prononcée, la durée de la détention restant à subir est supérieure à trois ans.

JAP et TAP sont donc deux juridictions de droit commun et de premier degré ayant chacune un champ d'intervention propre, étant entendu que le JAP peut renvoyer au TAP une affaire qui, pourtant, relève de sa compétence *ratione materiae*, « chaque fois qu'il l'estime nécessaire » (art. 712-6, al. 3 CPP). Cette décision de renvoi du JAP vers le TAP est une mesure d'administration judiciaire, insusceptible de recours.

La commission de l'application des peines

Composée de membres de droit dont la présence est nécessaire à la validité de sa réunion – le JAP, le procureur de la République, le chef d'établissement pénitentiaire, un représentant du service pénitentiaire d'insertion et de probation (SPIP) et un représentant du corps de commandement ou du corps d'encadrement et d'application du personnel de surveillance (art. 712-4-1 CPP) –, mais aussi éventuellement d'autres membres permanents et de membres appelés, la CAP rend des avis, sollicités par le **JAP (qui la préside)** pour certaines de ses ordonnances.

Cet avis est de principe, **sauf « urgence »** (art. 712-5 CPP), et il est réputé avoir été rendu s'il « n'est pas intervenu dans le délai d'un mois à compter du jour de sa saisine ».

c) Les juridictions d'appel

La juridictionnalisation de la phase d'application des peines se caractérise, depuis 2004, par l'existence d'un **double degré de juridiction**. Ainsi, il est possible d'interjeter appel :

- des ordonnances motivées du JAP, devant le **président de la chambre de l'application des peines** (ChAP) de la cour d'appel,

- des jugements du JAP ou du TAP devant la chambre de l'application des peines de la cour d'appel.

Cette ChAP est, par principe, **composée de 3 juges professionnels** : un président de chambre et deux conseillers de cour d'appel.

Exceptionnellement, cette formation de droit commun se voit adjoindre 2 assesseurs non professionnels : un responsable d'une association de réinsertion des condamnés et un responsable d'une association d'aide aux victimes (art. 712-13, al. 2 CPP). Cette hypothèse d'une ChAP à 5 membres est limitée à l'appel contre les seuls jugements du TAP en matière de relèvement de période de sûreté, de libération conditionnelle et de suspension de peine [Crim., 25 mai 2011, n° 1086.996].

ACTEURS JUDICIAIRES DE L'EXÉCUTION DES PEINES

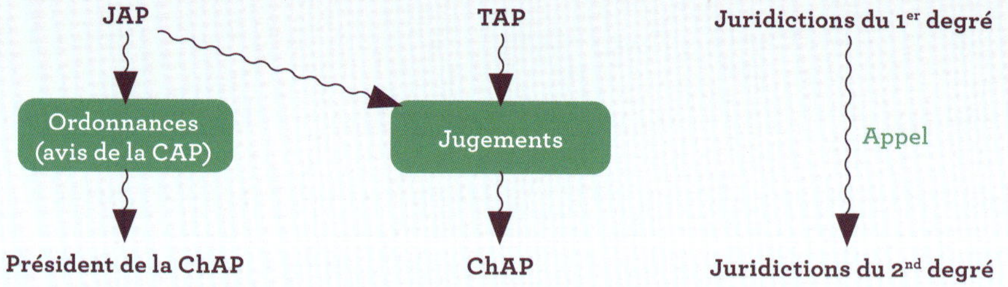

2° La procédure de droit commun

a) L'initiative de la procédure

La saisine de la juridiction de l'application des peines compétente peut avoir lieu à la demande du condamné, en principe, à tout moment.

Parfois, le condamné est temporairement privé de solliciter un aménagement de peine :

- s'il a adressé une première demande sur laquelle il n'a pas encore été statué (toute demande relative à une même mesure est irrecevable) ;

- si un **délai préfix d'irrecevabilité** a été posé par une juridiction de l'application des peines ayant déjà statué sur une demande similaire – étant entendu qu'un tel délai préfix ne peut excéder 6 mois pour les ordonnances du JAP, 1 an pour les jugements du JAP, 2 ans pour les jugements du TAP.

La saisine peut également être faite sur réquisitions du **procureur de la République** et à l'initiative du **JAP** qui peut : **se saisir d'office** (art. 712-4 CPP) ou saisir le TAP (art. 712-7 CPP) s'il a connaissance d'une situation justifiant : soit l'octroi, la révocation, le retrait ou la modification d'un aménagement de peine ; soit une modification des obligations préalablement imposées aux condamnés.

> **L'autosaisine du JAP**
>
> Le mécanisme de saisine d'office du JAP a, dans son principe, été validé par le Conseil constitutionnel à l'occasion d'une QPC [C. cons., 10 nov. 2017, n° 2017-671 QPC], aux motifs que le JAP agit « dans **un cadre déterminé par la juridiction de jugement** et met en œuvre, par ses décisions, la peine qu'elle a prononcée », qu'en instituant cette saisine d'office, « le législateur a poursuivi les objectifs de protection de la société et de réinsertion de la personne condamnée [et] a ainsi poursuivi des **objectifs d'intérêt général** ».
>
> Le Conseil constitutionnel émet toutefois une réserve d'interprétation : le JAP « ne saurait, sans méconnaître le principe d'impartialité, prononcer une mesure défavorable dans le cadre d'une saisine d'office sans que la personne condamnée ait été mise en mesure de présenter ses observations ».
>
> Autrement dit, dorénavant, s'il s'autosaisit, **le JAP ne peut prononcer une « mesure défavorable » que si le principe du contradictoire a été respecté**.

b) La phase de l'instruction

Une fois l'instance introduite, s'ouvre la phase de **l'instruction**. Elle est l'occasion d'investigations, comprenant des mesures facultatives et obligatoires.

► **Les mesures d'instruction facultatives** : l'article 712-16 CPP prévoit que le JAP ou le TAP peut « procéder ou faire procéder [...] à tous **examens, auditions, enquêtes, expertises, réquisitions**, y compris celles prévues par l'article 132-22 du code pénal ou toute autre mesure, permettant de rendre une décision d'individualisation de la peine ou de s'assurer qu'un condamné respecte les obligations qui lui incombent à la suite d'une telle décision ».

L'objectif est double. Il s'agit d'abord de **favoriser une individualisation la plus fine et juste possible**. Il s'agit ensuite de **débusquer éventuellement l'inexécution de ses obligations par le condamné**. À cet égard, depuis 2014, les pouvoirs policiers sont considérablement renforcés puisque le CPP prévoit désormais des mesures très rigoureuses.

Avec l'accord ou sur instruction du procureur de la République ou du JAP, une **perquisition** est possible chez le condamné en milieu libre tenu à une interdiction de détenir une arme, lorsqu'il existe des **indices graves ou concordants** que des armes se trouvent actuellement à son domicile (art. 709-1-2 CPP).

Sont également possibles sur instruction du JAP – lorsqu'il existe **une ou plusieurs raisons plausibles de soupçonner** que, à l'issue de son incarcération, une personne condamnée n'a pas respecté l'interdiction qui lui est faite, en application de sa condamnation, d'entrer en relation avec certaines personnes ou certaines catégories de personnes, de fréquenter certains condamnés ou de paraître en un lieu, une catégorie de lieux ou une zone spécialement désignés, et **si ces mesures sont indispensables** pour rapporter la preuve de la violation desdites interdictions (art. 709-1-3 CPP) – :

- **l'interception, l'enregistrement et la transcription de correspondances** émises par la voie des télécommunications (pour les crimes et délits visés à l'article 100 du CPP) ;
- **la localisation en temps réel** d'une personne, à l'insu de celle-ci, d'un véhicule ou de tout autre objet, sans le consentement de son propriétaire ou de son possesseur (pour les crimes et délits visés à l'article 230-32, 1° et 2° CPP) ;
- **l'appréhension** de toute personne condamnée à une peine alternative ou une peine complémentaire ou placée sous le contrôle du JAP et à l'encontre de laquelle il existe **une ou plusieurs raisons plausibles de soupçonner** qu'elle n'a pas respecté les obligations qui lui incombent en application de sa condamnation, et – sur décision d'un OPJ – **sa rétention pendant 24 h maximum** dans un local de police ou de gendarmerie, afin que soit vérifiée sa situation et qu'elle soit entendue sur la violation de ses obligations (art. 709-1-1 CPP). Cette retenue policière de 24 h suit un **régime similaire à celui de la garde à vue**.

Enfin, comme en matière d'instruction préparatoire, le JAP peut, à l'instar du juge d'instruction, délivrer :

- des **mandats d'amener** « contre un condamné placé sous son contrôle en cas d'inobservation par ce dernier des obligations qui lui incombent » (art. 712-17, al. 1 CPP) ;
- des **mandats d'arrêt** « si le condamné est en fuite ou réside à l'étranger » (art. 712-17, al. 2 CPP).

Pour les personnes en placement à l'extérieur, semi-liberté ou DDSE, l'inobservation des obligations permet au JAP de **suspendre l'aménagement dans l'attente de sa décision** sur le retrait. Cette suspension conduit à la **réincarcération pour une durée de 15 jours maximum** (art. 712-18 CPP).

Pour une violation des obligations assortissant un sursis probatoire, un SSJ, une SJPD (surveillance judiciaire des personnes dangereuses), une suspension ou un fractionnement de peine, ou une libération conditionnelle, il est possible de prononcer une **incarcération provisoire** après avis du procureur, le temps que le débat contradictoire ait lieu, dans une limite de **15 jours maximum pour le JAP, un mois pour le TAP** (art. 712-19 CPP). La violation de ces obligations peut même avoir été prévue, en amont, par la décision de condamnation qui aura fixé un emprisonnement potentiel dont le JAP n'aura qu'à ordonner la mise à exécution.

► Les mesures d'instruction obligatoires

C'est notamment le cas de l'avis de la **CAP** pour les ordonnances du JAP sur les réductions de peine, les autorisations de sortie sous escorte ou les permissions de sortir, sauf urgence (art. 712-5 CPP). La CAP a 1 mois à partir de sa saisine pour formuler son avis : si elle ne s'est pas prononcée dans les temps impartis, le JAP peut se dispenser de son avis, celui-ci étant réputé avoir été donné. Autrement dit, solliciter l'avis de la CAP est obligatoire, mais ledit avis ne lie pas le JAP.

C'est également le cas de l'avis du **représentant de l'administration pénitentiaire**, pour les jugements du JAP (art. 712-6 CPP) et du TAP (art. 712-7 CPP), qui prend en pratique la forme d'un « rapport de synthèse des avis des différents services pénitentiaires compétents » (art. D 49-29, al. 4 CPP).

De même, est une mesure d'instruction obligatoire l'évaluation pluridisciplinaire de dangerosité réalisée dans un service spécialisé chargé de l'observation des personnes détenues (le Centre national d'évaluation – CNE) et assortie d'une expertise médicale, pour une libération conditionnelle « lorsque la personne a été condamnée à la réclusion criminelle à perpétuité ou lorsqu'elle a été condamnée soit à une peine d'emprisonnement ou de réclusion criminelle égale ou supérieure à quinze ans pour une infraction pour laquelle le suivi socio-judiciaire est encouru, soit à une peine d'emprisonnement ou de réclusion criminelle égale ou supérieure à dix ans pour une infraction mentionnée à l'article 706-53-13 » (art. 730-2 CPP). L'évaluation pluridisciplinaire de dangerosité est transmise au TAP au plus tard dans un délai de six mois à compter de la saisine du CNE (art. D 527-1 CPP).

Figurent aussi parmi les mesures obligatoires :

- **l'expertise médicale** pour pouvoir ordonner une suspension médicale de peine (art. 720-1-1 CPP), pour procéder au relèvement ou à la réduction d'une période de sûreté perpétuelle (art. 720-4, al. 4 CPP) ou pour prononcer une surveillance judiciaire des personnes dangereuses (SJPD – art. 723-31 CPP),
- **l'examen médical** pour pouvoir prononcer un placement sous surveillance électronique mobile (PSEM – art. 763-10 CPP),
- **l'expertise psychiatrique** pour toutes les mesures d'aménagement de peine (sauf réductions de peine n'entraînant pas libération immédiate et autorisation de sortie sous escorte) si la personne a été condamnée à une peine de SSJ (art. 712-21 CPP), en principe.

c) Les débats

Ils n'ont pas lieu pour les ordonnances du JAP : la procédure est alors non contradictoire. Le JAP statue à la vue des seules pièces du dossier et de l'avis de la CAP.

En revanche, **pour la matière des jugements, oralité et contradictoire sont en principe respectés** : le juge doit entendre, dans les quatre mois qui suivent sa saisine, les observations du condamné (le cas échéant celles de son avocat) ainsi que les réquisitions du procureur. Il peut même demander à ce que le représentant de l'administration pénitentiaire assiste au débat pour y développer oralement son avis écrit préalablement versé au dossier. L'on peut aussi convier la victime à présenter des observations écrites lorsque l'aménagement de peine envisagé peut avoir des conséquences au regard de sa situation (art. 712-16-2 CPP).

Le condamné doit être informé de la tenue des débats au moins 10 jours à l'avance, sauf urgence (art. D 49-15 CPP). Toutefois, si le juge est saisi par le condamné d'une demande et que les réquisitions du procureur vont dans le même sens, il peut statuer sans débat – à moins que le condamné s'y oppose.

Si, dûment convoqué, le condamné ne se présente pas, le JAP ou le TAP **peut statuer en son absence** (art. 712-9 al. 1 CPP) mais peut aussi renvoyer la tenue des débats, au besoin après avoir délivré un mandat d'amener voire d'arrêt contre le condamné.

Les débats ne sont **pas publics** [Crim., 15 févr. 2005]. L'assistance d'un avocat n'est pas obligatoire mais le condamné peut manifester sa volonté d'être assisté. Enfin, la victime, la partie civile et leurs avocats ne participent jamais à ces débats.

d) La décision

En matière d'ordonnances, le JAP doit statuer dans les 2 mois de sa saisine, à défaut de quoi le condamné pourra directement saisir le président de la ChAP (art. D 49-32 CPP).

En matière de jugements, si le débat

contradictoire n'a toujours pas eu lieu **4 mois** après la saisine du JAP ou **6 mois** après la saisine du TAP (et donc a fortiori la décision n'a pas été rendue), le condamné peut saisir directement la ChAP (art. D 49-33 CPP).

À qui notifier la décision ?

- Au condamné et, le cas échéant, à son avocat

- Au parquet (copie est adressée au directeur du SPIP et, si le condamné est détenu, au chef d'établissement pénitentiaire)

- À certains tiers : titulaires de l'autorité parentale, autorité académique, etc. (art. 712-22-1 CPP)

À l'égard des victimes, il n'y a pas de notification à proprement parler. Mais le JAP ou le TAP peut informer par **simple « avis »** les victimes et les parties civiles (et le cas échéant leurs avocats) :

- de la fin imminente de la peine privative de liberté du condamné, si elles ont voulu êtres informées (art. 707, IV, 3° et 712-16-2, al. 6 CPP) et si le condamné l'a été pour une infraction visée à l'article 706-47 CPP ;

- de la décision d'aménagement de peine interdisant au condamné d'entrer en relation avec elle ou de paraître à proximité de son domicile ou de son lieu de travail (cette interdiction étant obligatoire pour les infractions visées à l'article 706-47 CPP), à moins (art. 712-16-2 al. 4 CPP) :

• que « la personnalité de la victime ou de la partie civile le justifie » ;

• que « la victime ou la partie civile [ait] fait connaître qu'elle ne souhaitait pas être avisée des modalités d'exécution de la peine » ;

• qu'il s'agisse d'une « cessation provisoire de l'incarcération du condamné d'une durée ne pouvant excéder la durée maximale autorisée pour les permissions de sortie ».

PROCÉDURE DE DROIT COMMUN DES JURIDICTIONS DE L'APPLICATION DES PEINES

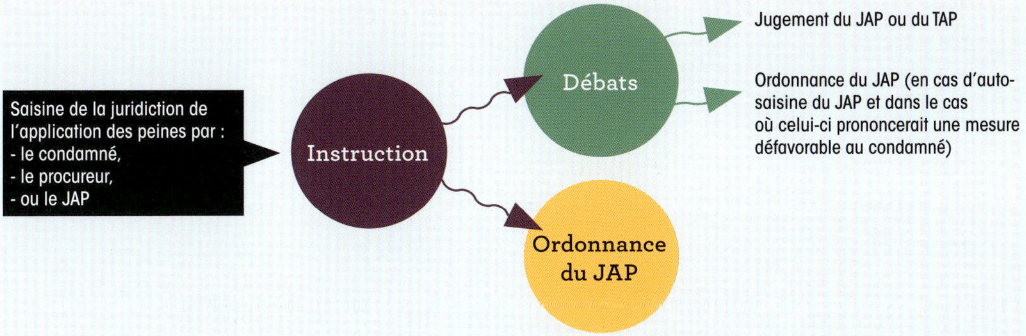

e) Les voies de recours

L'appel des ordonnances du JAP est interjeté par le condamné, le procureur de la République ou le procureur général, dans les **24 h** suivant la notification de l'ordonnance.

Saisi, le président de la ChAP doit statuer au regard d'une copie du dossier individuel du condamné et de l'ordonnance frappée d'appel. Le condamné et son avocat ont **1 mois** pour adresser des observations écrites. Sauf urgence, le président de la ChAP ne peut donc statuer avant l'expiration de ce délai [Crim., 6 sept. 2006]. Il n'y a **pas de débats oraux** : le président de la ChAP statue seulement au regard des écrits. Il peut, s'il confirme une ordonnance de refus, fixer un **délai d'irrecevabilité**, pour une demande similaire, d'**1 an**. Le délai est de 5 jours pour former un pourvoi contre l'ordonnance – motivée – du président de la ChAP à partir de sa notification.

Le délai pour faire **appel des jugements du JAP ou du TAP** est de **10 jours** : au-delà, le président de la ChAP peut déclarer l'appel irrecevable (décision insusceptible de recours). **Les débats sont oraux et contradictoires** devant la ChAP, juridiction collégiale. Y sont entendues les réquisitions du ministère public et les observations de l'avocat du condamné. Le condamné lui-même, en principe, n'est pas entendu, sauf décision contraire de la ChAP qui recourt alors à la visioconférence ou procède à l'audition par un déplacement dans l'établissement pénitentiaire – ce qui suffirait à respecter les droits de la défense [Crim., 20 mars 2013]. Si la ChAP confirme un jugement refusant un aménagement de peine, elle peut fixer un **délai d'irrecevabilité** pour une demande similaire qui **ne pourra excéder ni le tiers du temps de détention restant à subir ni 3 ans.** En revanche, elle ne peut fixer un tel délai d'irrecevabilité dans le cas où elle infirme un jugement qui avait octroyé un aménagement de peine : la jurisprudence retient une interprétation stricte de l'article 712-13 [Crim., 7 nov. 2007]. Le délai est de 5 jours pour former un pourvoi contre le jugement de la ChAP à partir de sa notification.

DÉLAIS DE RECOURS DE DROIT COMMUN

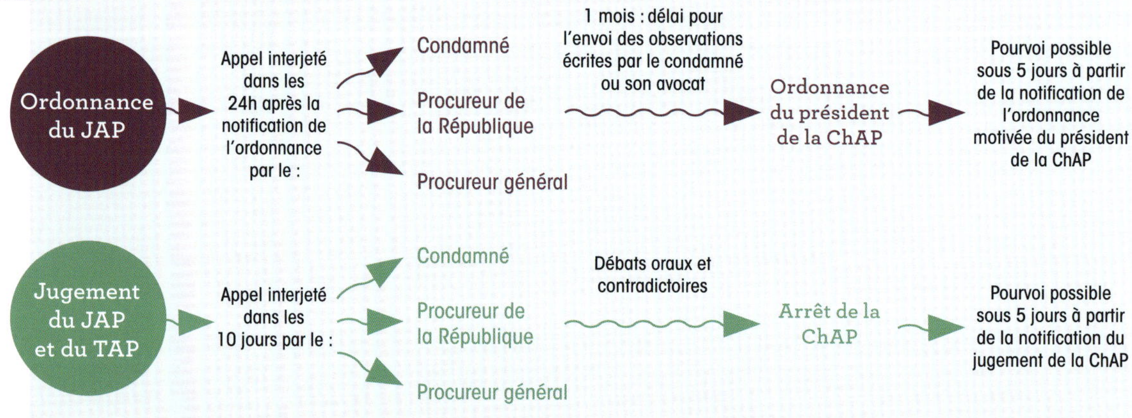

3° Les procédures simplifiées

a) La procédure simplifiée réservée aux condamnés libres

Il s'agit d'organiser facilement (et rapidement) un aménagement de peine *ab initio* quand le tribunal correctionnel n'a pas lui-même fixé les modalités de l'aménagement *ab initio* de la peine comme l'y invite l'article 464-2 du CPP. Sont concernées :

- les personnes « non incarcérées ou exécutant une peine sous le régime de la semi-liberté, du placement à l'extérieur ou du DDSE » (le tribunal n'ayant pas prononcé de mandat de dépôt) ;

- et condamnées à une ou plusieurs peines dont la durée totale à subir ou restant à subir est inférieure à 1 an d'emprisonnement.

L'initiative revient au parquet qui adresse au JAP toutes pièces utiles afin que ce dernier envisage un aménagement de peine. Cependant, l'article 723-17-1 CPP envisage une **hypothèse de mise en œuvre automatique** de cette procédure simplifiée : « lorsqu'une condamnation mentionnée à l'article 723-15 n'a **pas été mise à exécution dans le délai de 3 ans** à compter de la date à laquelle elle est devenue définitive, le condamné est convoqué devant le JAP, préalablement à la mise à exécution de la condamnation, afin de déterminer les modalités d'exécution de sa peine les mieux adaptées aux circonstances, à sa personnalité et à sa situation matérielle, familiale et sociale. Cette convocation suspend la possibilité pour le parquet de mettre la peine à exécution ». Généralement, la convocation devant le JAP est délivrée à l'issue de l'audience correctionnelle par le bureau de l'exécution des peines ; à défaut, elle est adressée ultérieurement.

Le JAP statue par voie de jugement. Il peut renoncer à l'aménagement si le condamné le refuse ou s'il ne lui paraît pas possible (art. 723-15-2 CPP), auquel cas le JAP peut décider de la date d'incarcération (simple faculté), devenant alors autorité chargée de la mise à exécution de la condamnation en lieu et place du parquet.

À défaut de décision du JAP dans un délai de six mois à compter de la réception de la copie de la décision ou en cas d'urgence (motivée par un danger pour les personnes établi par la survenance d'un fait nouveau ou par une incarcération à l'issue d'une autre procédure, ou par un risque avéré de fuite), le parquet peut mettre un terme à la procédure simplifiée en ramenant la peine à exécution (art. 723-15-2 al. 2 et 723-16 CPP). Le condamné peut contester cette décision du parquet au titre des incidents contentieux, à charge pour la juridiction de statuer sur cette contestation dans un délai raisonnable, durant lequel le JAP pourra être de nouveau saisi par le condamné pour aménager sa peine, voire y procéder d'office [Cons. cons., 18 nov. 2022, n° 2022-1024 QPC].

b) La « libération sous contrainte » des condamnés incarcérés

Créée en 2014, la procédure de « libération sous contrainte » oblige le JAP à examiner, de lui-même, la situation de la personne « condamnée exécutant une ou plusieurs peines privatives de liberté d'une durée totale inférieure ou égale à 5 ans » lorsque **les 2/3 de la peine ont déjà été purgés** (art. 720 CPP) – à moins qu'une demande d'aménagement de peine soit déjà pendante, auquel cas elle devra être favorablement accueillie.

La décision de libération sous contrainte est prise par **ordonnance du JAP** avec avis de la CAP et avis obligatoire du condamné (pas d'aménagement sans son accord). Le JAP ne peut refuser l'aménagement (c'est lui qui est « sous contrainte » pour octroyer la libération) que par ordonnance spécialement motivée, s'il est impossible de mettre en œuvre un aménagement au regard des exigences de l'article 707 du CPP. L'appel contre l'ordonnance est possible, devant le président de la ChAP (qui peut statuer d'office si l'examen de la situation par le JAP n'a pas eu lieu).

Cette procédure a permis d'étendre la semi-liberté, le placement à l'extérieur ou la DDSE à des condamnés qui n'entraient pas dans leur champ d'application (reliquat de peine inférieur ou égal à 2 ans).

La libération sous contrainte s'impose encore plus au JAP lorsqu'il reste au condamné à une peine inférieure ou égale à deux ans à purger un **reliquat de 3 mois au plus** : dans cette hypothèse, la libération sous contrainte « **s'applique de plein droit** sauf en cas d'impossibilité matérielle résultant de l'absence d'hébergement » – et sauf pour les condamnés incarcérés pour l'exécution d'une peine prononcée pour un crime, une infraction terroriste, une atteinte à la personne humaine commise sur le conjoint ou un mineur de 15 ans ou un dépositaire de l'autorité publique, ou pour les condamnés ayant fait l'objet d'une sanction disciplinaire pendant leur détention pour certains faits violents.

B. LA DIVERSITÉ DES AMÉNAGEMENTS DE PEINE

L'on distingue classiquement les aménagements de peine selon qu'ils emportent ou non levée de l'écrou.

L'ÉCROU

Il s'agit d'une formalité par laquelle l'établissement pénitentiaire enregistre le titre de détention de l'entrant en prison en lui conférant un numéro, et légalise son incarcération. Un registre d'écrou est obligatoirement tenu par la prison, permettant la vérification de ce que l'emprisonnement ne dépasse pas en temps la peine prononcée, auquel cas il y aurait « détention arbitraire » (art. 432-6 CP).

La « levée d'écrou » matérialise physiquement et administrativement la sortie de prison : c'est l'acte administratif constatant le retour du condamné au milieu libre. Certains aménagements de peine, qui préparent à la sortie, sont mentionnés sur le registre mais n'entraînent toutefois pas de levée d'écrou.

1° Les aménagements n'emportant pas levée d'écrou

L'article 707 CPP dispose que « l'individualisation des peines doit, chaque fois que cela est possible, permettre le retour progressif du condamné à la liberté ». Cette ligne directrice de politique criminelle manifeste une hostilité nette aux sorties « sèches », qui amoindriraient les chances de resocialisation du condamné et favoriseraient les risques de retour à la délinquance. Aussi, le législateur invitera-t-il les juges à utiliser certains aménagements matériels de peine, pour réhabituer le condamné au contact avec le monde extérieur, en le réinjectant sur des périodes de très courtes à moyennes durées dans un milieu « ouvert ». Le législateur a prévu un éventail de régimes qui permettent de planifier et organiser une sortie progressive, d'abord ponctuellement puis de façon plus durable.

a) Les aménagements ponctuels

► **Les autorisations de sortie sous escorte** (art. 723-6 CPP) sont exceptionnelles (ex. : escorter le détenu à l'enterrement d'un proche décédé).

► **Les permissions de sortir** (art. 723-3 CPP), plus courantes, autorisent « un condamné à s'absenter d'un établissement pénitentiaire pendant une période de temps déterminée [un jour ou trois jours maximum] qui s'impute sur la durée de la peine en cours d'exécution ». La permission ne vient pas récompenser un effort de resocialisation, elle vient au service de cette manifestation de la bonne volonté du détenu, en renfort à l'effort ; à ce titre, si elle s'est déroulée sans encombre, la permission peut être utilisée par les juridictions de l'application des peines a posteriori comme preuve des mérites du condamné en vue d'une sortie définitive anticipée.

b) Les aménagements plus durables

► **La semi-liberté :** le condamné est « astreint à rejoindre l'établissement pénitentiaire selon les modalités déterminées par le JAP en fonction du temps nécessaire à l'activité, à l'enseignement, à la formation professionnelle, à la recherche d'un emploi, au stage, à la participation à la vie de famille, au traitement ou au projet d'insertion ou de réinsertion en vue duquel il a été admis au régime de la semi-liberté ». Le plus souvent, en pratique, le retour en prison a lieu le soir et le weekend.

► **Le placement à l'extérieur :** il permet au détenu d'être employé hors de la prison, pour accomplir une activité professionnelle, sur un chantier, contrôlée par l'administration pénitentiaire.

► **La DDSE :** le condamné ne rejoint pas un établissement pénitentiaire mais son domicile où il demeure assigné aux horaires fixés par le JAP, sous contrôle d'un signal radio régulier émis par son bracelet électronique (art. R 57-11 CPP).

⚠ Il ne faut pas confondre la DDSE, modalité d'exécution aménagée de la peine privative de liberté, et le PSEM, mesure de sûreté pouvant assortir un suivi socio-judiciaire ou une surveillance judiciaire des personnes dangereuses. D'un point de vue technologique, la DDSE consiste à vérifier que le condamné se trouve dans le lieu de son assignation à résidence tandis que le PSEM se caractérise par une balise qui trace en continu les déplacements du condamné, pour vérifier qu'il ne se rend pas dans des lieux dont l'accès lui est interdit.

Participant de la même philosophie de déconditionnement progressif de l'incarcération vers la liberté retrouvée, ces trois aménagements sont réservés aux condamnés dont la peine ou le reliquat de peine **n'excède pas deux ans** ou ceux pour lesquels la juridiction de jugement a exigé qu'un de ces aménagements soit, pour une durée maximale d'un an, une condition probatoire à la libération conditionnelle (art. 723-1 et 723-7 CPP). Ces aménagements peuvent être assortis des obligations et mesures du régime de la probation (art. 132-44 et 132-45 CP). Les terroristes sont exclus du bénéfice de la semi-liberté et du placement à l'extérieur.

Le JAP peut **substituer entre eux** une semi-liberté, un placement à l'extérieur et une DDSE (art. 723-2 et 723-7-1 CPP), pour tenir compte de l'évolution du nombre de places respectives dans chaque ressort, et si la personnalité du condamné le justifie.

2° Les aménagements emportant levée d'écrou

Ces aménagements interviennent sur la durée de la peine, soit qu'ils la raccourcissent, soit qu'ils en suspendent ou fractionnent le cours.

a) Les réductions de peine ordinaires

Le régime des réductions de peine ordinaires varie selon que le condamné a été placé sous écrou avant ou à partir du 1er janvier 2023 – et ce, quelle que soit la date de commission de l'infraction punie –, tant la loi n° 2021-1729 du 22 déc. 2021 a renouvelé la question.

► Pour les mises sous écrou antérieures au 1er janvier 2023

Depuis 2004, la loi a organisé une automatisation sous forme de « **crédit de réduction de peine** » (CRP) ; cela permettait, selon des règles de calcul fixées par la loi (art. 721 CPP dans sa version antérieure à la loi du 22 déc. 2021), de savoir, dès le jour de la condamnation, de combien la peine prononcée serait réduite dans son exécution et à quelle date anticipée le condamné pourrait sortir – sans préjudice de l'obtention d'un autre aménagement de peine d'ici là.

> Calcul du CRP = 3 mois pour la 1ère année d'incarcération + 2 mois par année suivante + 7 jours par mois pour les peines ou la partie de peine inférieures à un an (sans que la somme de ces jours puisse excéder 2 mois lorsque la peine privative de liberté prononcée est supérieure, dans son quantum total, à 1 an).
>
> Ex. : condamné à 7 ans d'emprisonnement ► CRP égal à 15 mois [3 mois + 6x2 mois] et la personne condamnée peut donc espérer ne purger en réalité que 5 ans et 9 mois d'incarcération.

Ces réductions de peine automatiquement octroyées par effet de la loi peuvent faire l'objet d'un retrait partiel par ordonnance du JAP, notamment pour mauvaise conduite en détention, voire d'un retrait total si l'individu a déjà été libéré et a été condamné pour crime ou délit commis après sa libération pendant la période correspondant aux réductions qui lui avaient été accordées.

Par ailleurs, les terroristes ont été exclus du bénéfice de ce CRP depuis 2016.

À ce CRP peuvent s'ajouter des « **réductions de peine supplémentaires** » (RPS) dont l'octroi, par le JAP, est soumis à une condition tenant à la manifestation « d'efforts sérieux de réadaptation sociale » (art. 721-1 CPP dans sa version antérieure à la loi du 22 déc. 2021).

Le quantum de RPS est encore plus favorable que celui prévu par l'article 721 pour le CRP : 3 mois par année, ou 7 jours par mois pour les peines inférieures à un an ; toutefois les RPS s'imputent non sur la totalité de la peine prononcée, mais sur le reliquat de peine, soit la durée de détention restant à subir.

N'étant pas automatique, l'octroi de RPS suppose une saisine du JAP par le parquet ou le condamné, mais l'hypothèse la plus fréquente demeure l'autosaisine du JAP, qui d'office décide de se prononcer sur la question. Les RPS peuvent faire l'objet d'un retrait pour les mêmes causes que les CRP.

► Pour les mises sous écrou à partir du 1er janvier 2023

La loi n° 2021-1729 du 22 déc. 2021 a **supprimé le CRP** et l'automatisation correspondante, revenant à un système classique de réductions de peines octroyées par un JAP aux seuls « condamnés exécutant une ou plusieurs peines privatives de liberté qui ont donné des **preuves suffisantes de bonne conduite** et qui ont manifesté des efforts sérieux de réinsertion » (art. 721 CPP).

La fusion du CRP et des RPS se ressent quant aux modalités de calcul des réductions accordables, qui ne sauraient excéder 6 mois par année d'incarcération et 14 jours par mois pour une durée d'incarcération inférieure à 1 an. Les réductions de peine peuvent donc permettre, si le JAP l'estime opportun au regard de la conduite du condamné, de **diviser par deux le temps d'incarcération** (sans préjudice, par ailleurs, de l'obtention d'un autre aménagement diminuant un peu plus la privation effective de liberté résultant de la condamnation). C'est pourquoi des règles de calcul plus strictes sont désormais prévues pour certains condamnés (terroristes, agresseurs de dépositaires de l'autorité publique).

Dans l'année suivant son octroi, la réduction de peine peut faire l'objet d'un retrait, total ou partiel, après avis de la CAP, en cas de mauvaise conduite du condamné.

b) Les réductions de peine exceptionnelles (art. 721-3 et 721-4 CPP)

Il existe des « **réductions de peine exceptionnelles** » (RPE), pouvant aller jusqu'au tiers de la peine prononcée, qui sont réservées :

- aux repentis : il faut une déclaration du condamné, qui ait permis de « faire cesser ou d'éviter la commission » d'une infraction mentionnée aux articles 706-73, 706-73-1 et 706-74 CPP, pour que le TAP octroie la RPE ;
- aux condamnés ayant permis, au cours de leur détention, y compris provisoire, d'éviter ou de mettre fin à toute action individuelle ou collective de nature à perturber gravement le maintien du bon ordre et la sécurité de l'établissement ou à porter atteinte à la vie ou à l'intégrité physique ou psychique des membres du personnel pénitentiaire ou des détenus de l'établissement : le TAP est compétent pour les condamnés purgeant une peine de 7 ans ou plus ; pour les peines inférieures à 7 ans, la RPE est octroyée par ordonnance motivée du JAP après avis de la CAP.

Ces RPE ne peuvent faire l'objet de retrait.

c) La libération conditionnelle

Elle « tend à la réinsertion des condamnés et à la prévention de la récidive » (art. 729 CPP).

Une condition temporelle de recevabilité de la demande de libération conditionnelle consiste en l'écoulement d'un « **temps d'épreuve** » : en principe, la libération ne peut être accordée que « lorsque la durée de la peine accomplie par le condamné est au moins égale à la durée de la peine lui restant à subir », étant entendu que ce temps d'épreuve ne saurait excéder 15 ans (art. 729 CPP).

La loi prévoit différents régimes dérogatoires de temps d'épreuve :

- dans les cas de récidive légale, le temps d'épreuve voit son plafond de 15 ans maximum monté à 20 ans maximum ;
- pour ce qui concerne les condamnés à perpétuité, il sera de 18 ans, voire 22 ans pour les récidivistes condamnés à perpétuité ;
- lorsqu'il existe une période de sûreté, celle-ci excluant par définition tout aménagement de peine, l'irrecevabilité de toute demande de libération conditionnelle est de mise tant que ladite période de sûreté n'est pas écoulée ou n'a pas été relevée ;
- un régime plus favorable est prévu pour les parents de mineurs de 10 ans.

La libération conditionnelle est accordée aux condamnés manifestant « **des efforts sérieux de réadaptation sociale** » (art. 729 CPP). Ces efforts peuvent notamment être appréciés à l'aune du succès d'une semi-liberté, d'un placement à l'extérieur ou d'une DDSE.

Pour les condamnés à plus de 5 ans de privation de liberté qui ne bénéficient pas d'un aménagement de peine sous écrou, et sous réserve des règles spéciales quant au temps d'épreuve en matière de perpétuité ou de périodes de sûreté, lorsqu'il **reste un tiers de la peine prononcée à subir**, le JAP ou le TAP **doit examiner** la situation du condamné à l'occasion d'un débat contradictoire afin qu'il soit statué sur l'éventuel octroi d'une libération conditionnelle.

L'écrou levé, le maintien du condamné en liberté est conditionné : il sera soumis au régime de probation des articles 132-44 et 132-45 CP durant un « **délai d'épreuve** » dont la durée de droit commun correspond au reliquat de peine mais qui sera fixé entre 5 et 10 ans pour un probationnaire condamné à une peine perpétuelle, voire pourra être « sans limitation de temps » lorsque la peine était assortie d'une période de sûreté perpétuelle (art. 720-4 CPP).

À l'issue du délai d'épreuve, si le sortant a respecté ces contraintes probatoires et qu'aucune révocation n'est intervenue, alors la libération sera considérée comme définitive et la **peine réputée achevée** depuis le jour de la levée d'écrou, la révocation devenant dès lors impossible.

PROCÉDURE DE LIBÉRATION CONDITIONNELLE

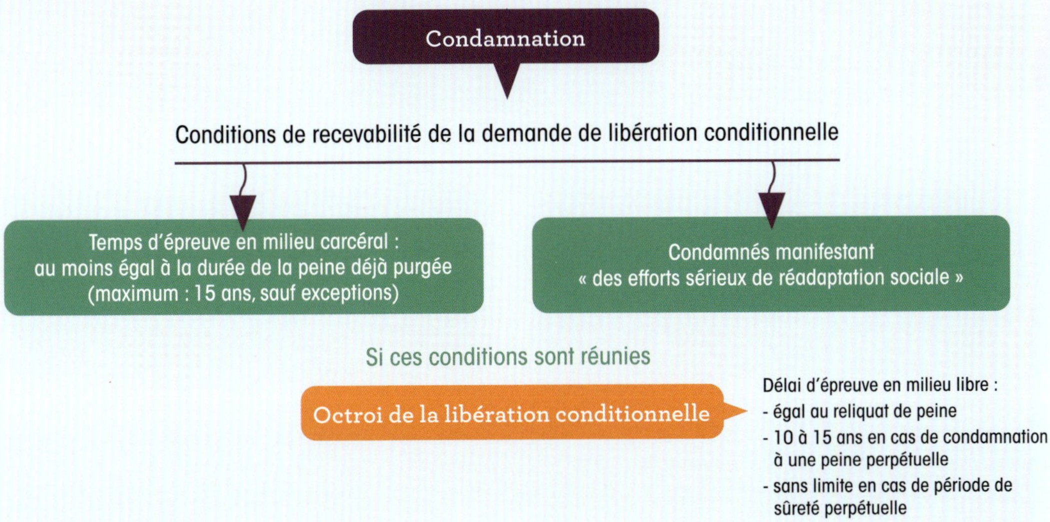

d) Fractionnement et suspension de la peine

Le fractionnement et la suspension ordinaire sont deux mesures juridictionnelles permettant au condamné, l'une d'exécuter sa peine sous forme de **fractions de 2 jours minimum**, l'autre de voir **reporter son exécution à une autre date**, ces deux mécanismes procédant d'une prise en compte de la situation personnelle du détenu ; des raisons « d'ordre médical, familial, professionnel ou social » (art. 720-1 CPP).

Leur domaine d'application est limité :

- à la seule matière correctionnelle, excluant les criminels condamnés par une cour d'assises ;

- aux peines dont le reliquat est inférieur ou égal à 2 ans.

Le fractionnement et la suspension ordinaire sont accordés « pour une période ne dépassant pas 3 ans ».

Il existe également une **suspension médicale de peine** pour une durée « qui n'a pas à être déterminée », et qui trouve à s'appliquer « quelle que soit la nature de la peine ou la durée de la peine restant à subir », y compris en cours d'exécution d'une période de sûreté (art. 720-1-1 CPP). Son domaine se limite à 2 hypothèses :

- soit que le condamné se trouve atteint « d'une pathologie engageant le pronostic vital » – la jurisprudence exige que le pronostic vital soit « nécessairement engagé à court terme » [Crim., 28 sept. 2005] ;

- soit que l'on constate que son « état de santé physique ou mentale est durablement incompatible avec le maintien en détention ».

Une expertise doit vérifier que le condamné se situe dans l'une de ces hypothèses, et les magistrats doivent s'interroger sur l'éventualité d'un « risque grave de renouvellement de l'infraction » (art. 720-1-1 CPP).

3

L'EXTINCTION DES PEINES

Une fois la peine exécutée (fût-ce de façon aménagée), qu'en reste-t-il ? Oscillant entre oubli et mémoire, le droit pénal va conférer à l'extinction des peines des effets variables (B) – sans doute parce que l'extinction elle-même peut avoir des causes fort différentes (A).

A. LES CAUSES D'EXTINCTION DES PEINES, EXÉCUTÉES OU INEXÉCUTÉES

1° Extinction par exécution de la peine

Comme, en droit civil, l'obligation s'éteint d'abord et « normalement » par son exécution, en droit pénal la première cause « normale » d'extinction d'une peine est son exécution totale : du condamné qui a purgé sa peine, l'homme de la rue dira d'ailleurs qu'il a « payé sa dette à la société ».

L'exécution de la peine au moyen d'aménagements de peine vaut également extinction : ainsi, la libération conditionnelle non révoquée éteint la peine privative de liberté.

2° Extinction par décès du condamné

Le principe de personnalité des peines implique que le décès du condamné emporte extinction des peines auxquelles il avait été condamné (art. 133-1 CP), en principe. Toutefois, le caractère réel marqué de certaines peines et la patrimonialisation de l'amende (dont on peut poursuivre le paiement auprès de la succession du condamné défunt) relativisent la portée de ce principe.

3° Extinction de la peine par écoulement du temps

a) La prescription de la peine (art. 133-2 CP)

Si la peine prononcée n'a pas été exécutée à l'issue d'un délai de :

- 3 ans pour les peines prononcées pour contravention,
- 6 ans pour les peines prononcées pour délit,
- 20 ans pour les peines prononcées pour crime (voire 30 ans pour certains crimes particulièrement odieux : eugénisme, disparitions forcées, etc.), alors cette exécution devient impossible car la prescription de la peine est acquise. Ce qui est éteint, c'est la possibilité de mettre à exécution la peine.

La prescription de la peine, toutefois, n'a pas vocation à jouer en matière de crimes contre l'humanité (où les peines sont imprescriptibles) ou pour les peines qui produisent leur effet dès le prononcé de la condamnation.

Le cours du délai de la prescription de la peine peut être interrompu ou suspendu du fait d'un acte des autorités (ex. : l'arrestation d'un fuyard interrompt la prescription de sa peine privative de liberté).

b) La réhabilitation légale (art. 133-13 CP)

L'écoulement du temps, depuis une condamnation exécutée, va conduire le législateur à réputer acquise la resocialisation du condamné si, dans ce délai, il n'a subi aucune condamnation nouvelle en matière criminelle ou correctionnelle : lors, la réhabilitation est acquise de plein droit et elle « **efface toutes les incapacités et déchéances qui résultent de la condamnation** » (art. 133-16 CP).

Condamnation à réhabiliter de plein droit	Délai avant réhabilitation de plein droit pour absence de condamnation criminelle ou correctionnelle nouvelle	Point de départ du délai
Condamnation à l'amende ou au jour-amende	3 ans	Jour du paiement de l'amende ou du montant global des jours-amende ou jour où la prescription de la peine a été acquise
Condamnation unique à emprisonnement n'excédant pas 1 an ou à une peine principale alternative autre que le jour-amende	5 ans	Jour où la peine a fini d'être exécutée ou jour où sa prescription a été acquise
Condamnation unique à emprisonnement n'excédant pas 10 ans ou condamnations multiples à l'emprisonnement dont l'ensemble ne dépasse pas cinq ans	10 ans	Jour d'expiration de la peine subie ou jour où sa prescription a été acquise
	Tous les délais sont doublés pour les récidivistes.	

c) Le non avenu

Aux termes de l'article 132-35 CP, « la condamnation pour crime ou délit assortie du sursis simple est **réputée non avenue** si le condamné qui en bénéficie n'a pas commis, dans le délai de cinq ans à compter de celle-ci, un crime ou un délit de droit commun suivi d'une nouvelle condamnation ayant ordonné la révocation totale du sursis ». Par ailleurs, « la condamnation assortie du sursis probatoire est réputée non avenue lorsque le condamné n'a pas fait l'objet d'une décision ordonnant l'exécution de la totalité de l'emprisonnement » (art. 132-52 CP) : mieux, si le condamné satisfait aux obligations de probation et si son reclassement paraît acquis, il peut demander au JAP, un an après que sa condamnation est devenue définitive, de la déclarer non avenue sans attendre qu'elle le soit réputée par effet de la loi (art. 744 CPP).

Le jour où la condamnation aura été réputée ou déclarée non avenue, en principe « **les incapacités, interdictions et déchéances cesseront d'avoir effet** » (art. 736 et 746 CPP) : le non avenu emporte donc extinction de la plupart des peines complémentaires et accessoires.

4° Extinction des peines complémentaires et accessoires par décision du juge pénal

a) Relèvement des peines complémentaires et accessoires (art. 702-1 CPP)

Le relèvement des peines accessoires peut être demandé *ab initio* à la juridiction de condamnation (art. 132-21 CP) ; il peut l'être encore durant la phase d'exécution des peines.

Le relèvement des peines complémentaires ne peut être demandé par le condamné qu'à partir de six mois après sa condamnation.

C'est la juridiction de condamnation qui statue sur la demande de relèvement (sauf si c'est une cour d'assises qui a condamné : c'est la chambre de l'instruction qui est alors compétente pour procéder au relèvement).

b) Réhabilitation judiciaire (art. 782 CPP)

La réhabilitation judiciaire intervient après l'exécution de la peine principale (à laquelle seront assimilées grâce et prescription), après l'écoulement d'un certain délai (v. tableau) et après vérification *in concreto* par la justice du reclassement du condamné à partir d'élément tangibles témoignant de sa bonne conduite (paiement de l'amende, dédommagement de la victime, etc.).

Parce que la réhabilitation judiciaire suppose ce constat préalable de la resocialisation, elle emporte, par l'effacement de la condamnation qu'elle réalise, **extinction des peines complémentaires et accessoires y compris lorsqu'elles servent une fonction de mesure de sûreté** (SSJ, interdiction de travailler avec des mineurs, etc.) et ce, alors que leur terme n'est pas encore survenu.

Nature de l'infraction	Délai avant sollicitation de la réhabilitation judiciaire	Point de départ du délai
Crime	5 ans	Jour de la libération définitive ou de la libération conditionnelle non révoquée
Délit	3 ans	- Pour les délinquants punis à titre principal d'une peine d'emprisonnement : jour de la libération définitive ou de la libération conditionnelle non révoquée - Pour les délinquants punis à titre principal d'une peine d'amende : jour où la condamnation est devenue définitive - Pour les délinquants punis à titre principal d'une « peine alternative » : jour d'expiration de la sanction subie
Contravention	1 an	- Pour les contrevenants punis à titre principal d'une peine d'amende : jour où la condamnation est devenue définitive - Pour les contrevenants punis à titre principal d'une « peine alternative » : jour d'expiration de la sanction subie

Ces délais sont rallongés pour les récidivistes ainsi que pour les condamnés qui avaient déjà bénéficié d'une réhabilitation et ont malgré cela commis de nouveau une infraction.

À l'inverse, « si depuis l'infraction le condamné a rendu des services éminents au pays, la demande de réhabilitation n'est soumise à aucune condition de temps ni d'exécution de peine. En ce cas, la cour peut accorder la réhabilitation même si l'amende et les dommages-intérêts n'ont pas été payés » (art. 789 CPP).

5° Extinction de la peine par entrée en vigueur d'une loi nouvelle

a) Loi d'abrogation

Si, pendant l'exécution de la peine, une loi entre en vigueur qui abroge les dispositions incriminant l'infraction en punition de laquelle le condamné purge sa peine ou qui abolit ladite peine, l'exécution de celle-ci, devenue sans objet, doit cesser.

b) Loi d'amnistie

L'amnistie est une loi qui neutralise l'infraction commise, lui faisant perdre son caractère punissable : si la décision de condamnation avait été rendue, elle est effacée et la peine s'éteint par voie de conséquence.

⚠ Ne pas confondre l'amnistie et la grâce : cette dernière est une décision réglementaire par laquelle l'exécutif, par faveur, dispense le condamné de l'exécution de sa peine (art. 133-7 CP), le cas échéant en la commuant en une peine moins sévère ; la grâce implique que la peine n'ait pas été déjà intégralement subie ou ne soit pas prescrite. L'amnistie est plus large. Elle bénéficie aussi, par exemple, aux prévenus non encore condamnés, contre lesquels les poursuites deviennent sans objet.

B. LES EFFETS DE L'EXTINCTION, ENTRE OUBLI ET SOUVENIR

Les règles relatives à la récidive (qui supposent un premier terme connu) et, plus largement, l'ambition de connaître l'individu que l'on juge pour lui infliger la peine la plus juste au terme de l'individualisation impliquent que la justice conserve le souvenir des précédentes condamnations. D'où l'existence du **casier judiciaire national automatisé**, véritable mémoire (notamment) des crimes, délits et contraventions de 5e classe ayant fait l'objet d'une condamnation ou d'une déclaration de culpabilité assortie d'une dispense de peine. Chaque infraction fait l'objet d'une fiche collectée au casier judiciaire.

Dans sa mission de sauvegarde de la mémoire des faits pénaux, le casier judiciaire est corroboré par un grand nombre de **fichiers de police et de justice** conservant la trace de condamnations pénales y compris une fois la peine éteinte (et même, parfois, la trace de poursuites n'ayant pas donné lieu à condamnation). Ex. : le fichier judiciaire automatisé des auteurs d'infractions sexuelles ou violentes (art. 706-53-1 CPP).

1° L'oubli organisé : l'effacement du casier judiciaire

Toutefois, cette mémoire n'a pas, en principe, vocation à être éternelle. Ont ainsi vocation à être **retirées du casier judiciaire** (art. 769 CPP) les fiches relatives, notamment, à :

- des condamnations amnistiées (c'est l'un des effets radicaux de l'amnistie) ;

- des condamnations prononcées depuis plus de 40 ans et qui n'ont pas été suivies d'une nouvelle condamnation à une peine criminelle ou correctionnelle (exception faite des condamnations prononcées pour des faits imprescriptibles ou par une juridiction étrangère) ;

- des déclarations de culpabilité assorties de dispense de peine, 3 ans après que le jugement est devenu définitif ;
- des condamnations pour contravention, 3 ans après qu'elles sont devenues définitives, etc.

Si, longtemps, la réhabilitation légale a servi d'opportune technique d'apurement régulier du casier judiciaire, soumis à un afflux permanent de condamnations toujours plus nombreuses, depuis 2007, elle n'emporte plus effacement automatique de la condamnation au casier, permettant seulement au condamné réhabilité de demander auprès de la chambre de l'instruction que sa condamnation soit retirée du casier judiciaire (art. 799 CPP). Par ailleurs, en cas de réhabilitation judiciaire, « mention de l'arrêt prononçant la réhabilitation est faite en marge des jugements de condamnation. Dans ce cas, les bulletins n° 2 et n° 3 du casier judiciaire ne doivent pas mentionner la condamnation. L'arrêt qui prononce la réhabilitation peut toutefois ordonner que la condamnation soit retirée du casier judiciaire et ne soit pas non plus mentionnée au bulletin n° 1 » (art. 798 CPP).

2° Le souvenir ravivé : la lutte contre la dangerosité persistante

Le droit pénal contemporain témoigne cependant d'une **résistance croissante à l'oubli**, au nom d'un certain réalisme criminologique. C'est ce qui explique que, désormais, l'on puisse tenir pour premier terme d'une récidive une condamnation ayant pourtant fait l'objet d'une réhabilitation légale (art. 133-16, al. 3, CP) ou ayant été réputée non avenue [Cass., avis, 26 janv. 2009].

Par ailleurs, la prétendue « absence de coloration morale » des **mesures de sûreté**, dont l'essence est policière et prophylactique, et non pas rétributive, les rend immanquablement insensibles aux très morales questions du pardon ou de l'oubli.

a) Mesures de sûreté et amnistie

Ainsi, même quand elles sont qualifiées de peines complémentaires ou accessoires, la jurisprudence les fait depuis longtemps échapper aux effets de l'amnistie : les mesures de sûreté survivent à l'effacement de la condamnation, car elles garantissent la sécurité collective, étrangère au pardon octroyé par le législateur.

b) Mesures de sûreté et réhabilitation

Ensuite, certaines mesures de sûreté relativisent la portée de la réhabilitation légale ou du non avenu : ainsi, lorsque la personne qui prétend à la réhabilitation légale a été condamnée à une peine de SSJ ou d'interdiction d'exercer une activité professionnelle ou bénévole impliquant un contact habituel avec des mineurs, **la réhabilitation ne produit ses effets qu'à la fin de la mesure** (art. 133-16, al. 2 CP). En somme, la réhabilitation joue au jour de son avènement légal pour l'infraction et les peines qui l'ont sanctionnée, sauf pour le SSJ et l'interdiction de travailler avec des mineurs pour lesquels les effets de la réhabilitation sont différés : la pérennité du traitement dont le SSJ est assorti et la sécurité des enfants priment la présomption de resocialisation abstraitement déduite de l'écoulement du temps. Les deux mêmes peines/mesures de sûreté échappent à l'effet extinctif des interdictions, incapacités et échéances qu'emporte le non avenu (art. 736 CPP).

c) Mesures de sûreté et terme de la peine

Enfin, le législateur cède depuis 2008 à la tentation de recourir aux mesures de sûreté pour infliger des mesures coercitives à certains condamnés bien **au-delà du terme de leur peine**.

► Il peut s'agir de **mesures restrictives de liberté** comme :

• **La surveillance de sûreté**, qui permet de soumettre à un régime de probation, un PSEM et une injonction de soins, certains criminels qui ont pourtant purgé l'intégralité de leur peine, mais dont la « particulière dangerosité caractérisée par une probabilité très élevée de récidive » résulte d'un trouble grave de la personnalité (art. 706-53-19 CPP).

→ Prononcée pour un an, la surveillance de sûreté est renouvelable chaque année, indéfiniment, tant que la particulière dangerosité persiste aux yeux de la juridiction régionale de la rétention de sûreté ayant diligenté les évaluations de dangerosité.

• **La mesure judiciaire de prévention de la récidive terroriste et de réinsertion** (art. 706-25-16 CPP), qui depuis 2021 permet au TAP de Paris d'imposer, à un individu ayant purgé sa peine mais dont la « particulière dangerosité [est] caractérisée par une probabilité très élevée de récidive et par une adhésion persistante à une idéologie ou à des thèses incitant à la commission d'actes de terrorisme », une « prise en charge sanitaire, sociale, éducative, psychologique ou psychiatrique destinée à permettre la réinsertion de la personne concernée et l'acquisition des valeurs de la citoyenneté », le cas échéant dans un établissement d'accueil adapté, mais aussi de lui imposer d'exercer une activité professionnelle ou au contraire de lui interdire l'activité à l'occasion de laquelle il avait commis l'infraction terroriste, et de l'astreindre à établir sa résidence en un lieu déterminé.

→ Prononcée pour un an, la mesure est renouvelable chaque année dans la limite de cinq ans, si des éléments nouveaux ou complémentaires le justifient précisément.

► Mais il peut aussi, de façon plus radicale encore, s'agir d'une **mesure privative de liberté** : la **rétention de sûreté** permet d'enfermer en « centre socio-médico-judiciaire de sûreté » certains criminels ayant purgé l'intégralité de leur peine carcérale mais dont la « particulière dangerosité caractérisée par une probabilité très élevée de récidive » résulte d'un trouble grave de la personnalité. La rétention ne peut être prononcée que si la surveillance de sûreté paraît insuffisante, si cette rétention constitue l'unique moyen de prévenir la commission des crimes mentionnés à l'article 706-53-13 CPP et si, des années avant, « la cour d'assises a expressément prévu dans sa décision de condamnation que la personne pourra faire l'objet à la fin de sa peine d'un réexamen de sa situation en vue d'une éventuelle rétention de sûreté ».

→ Prononcée pour un an, la rétention de sûreté est renouvelable chaque année, indéfiniment, tant que la particulière dangerosité persiste et que la surveillance de sûreté demeure insuffisante. Parce que la rétention de sûreté est privative de liberté, le Conseil constitutionnel a refusé que la loi l'ayant instituée soit applicable aux infractions commises avant son entrée en vigueur [C. cons., 21 févr. 2008, n° 2008-562 DC].

QUIZ

Validez vos connaissances...
Flashez ce code et accédez au quiz.

https://www.lexifiche.com/quiz-execution-des-peines

LE DROIT DE L'EXÉCUTION DES PEINES EN UN CLIN D'

FAITS QUALIFIABLES D'INFRACTION POURSUIVIS

DÉCLARATION DE NON CULPABILITÉ (RELAXE/ ACQUITTEMENT)

Pas de peine

DÉCLARATION D'IRRESPONSABILITÉ POUR CAUSE DE TROUBLE MENTAL

Pas de peine mais possibilité de prononcer des mesures de sûreté

DÉCLARATION DE CULPABILITÉ

Prononcé de la peine

Dispense de peine

Ajournement du prononcé de la peine

Peine principale (+ complémentaires) :

- respect du maximum encouru (plafond)
- individualisation de la nature et du quantum
- prise en compte de circonstances aggravantes (notamment en cas de récidive)
- période de sûreté
- cas d'exemption de peine
- sursis à exécution de la peine prononcée

Motivation

Phase de l'exécution de la peine

Aménagement *ab initio*

Aménagement en cours de peine

	Cas des peines privatives de liberté
JAP ou TAP	Aménagement matériel sans levée d'écrou
	Aménagement temporel avec levée d'écrou

Maxime BRENAUT est agrégé des facultés de droit, professeur à l'université de Bordeaux.

ISBN 978-2-35644-868-2

6,95 €

Achevé d'imprimé et dépôt légal : 4e trimestre 2023 - Diffusion CEDIF - Distribution DILISCO